Célébrations du Bonheur

Du même auteur :

Essais

Éloge de la gentillesse,

Éditions François Bourin, 2010 ; Éditions Pocket, 2016

Petit éloge de la gentillesse, Éditions François Bourin, 2011 ; Éditions J'ai lu, 2015

On ira tous au paradis, Éditions Flammarion, 2013

Apologie de la punition, Éditions Plon, 2014

Éloge de la gentillesse en entreprise, Éditions First, 2015 ; réédité sous le titre

Osez la gentillesse en entreprise, Éditions Le Passeur, 2020

Petit cahier d'exercices de gentillesse, Éditions Jouvence, 2016

Apothéose du Rond-Point, Éditions Amazon, 2019

Emmanuel Jaffelin

Célébrations du Bonheur

Guide de sagesse pour ceux
qui veulent être heureux

Michel Lafon

118, avenue Achille-Peretti – CS 70024
92521 Neuilly-sur-Seine Cedex
www.michel-lafon.com

Sommaire

Prélude 11
I – Le Malheur 15
II – L'Heur 77
III – Le Bonheur 127
Postlude 163

Lire 169
Voir 171
Écouter 175

À tous ceux qui *veulent* être… heureux

Prélude

Lectrice, lecteur,

Être heureux n'est pas facile, tu en sais quelque chose.

Si tu dégotes une feuille de papier ou un sac en plastique au moment où tu en as besoin, tu pourras peut-être résoudre un problème pratique, mais il y a peu de chances que cela te rende heureux. Et si cela te rend heureux, c'est que tu te trouves dans un sacré manque matériel ou que tu es en train de péter un câble[1] ! La feuille ou le sac a une fonction utilitaire : c'est un objet. C'est facile. Or, ce n'est pas un objet qui va te rendre heureux. Dès lors, si ce qui est *facile* – la feuille ou le sac – ne fait pas le Bonheur et que tu en as conscience, tu élimines une fausse piste qui pourrait bloquer ta démarche. Une autre piste s'ouvre alors : celle du *difficile*.

Il est vrai que le *difficile* n'est pas offert à tout le monde : il écarte une grande partie des êtres humains d'un Saint Graal[2] tout en glorifiant ceux qui l'atteignent, qu'il s'agisse de héros, de vainqueurs, de champions ou de stars. Pourtant, il faut admettre que ces individus singuliers et adulés ne sont pas toujours heureux. Lorsqu'il apprend qu'il a, sans le savoir, tué son père et épousé sa mère, Œdipe[3] n'est plus heureux. Il

1. Expression fleurie qui signifie que quelqu'un a perdu la raison, soit provisoirement, soit définitivement. Variantes : « péter un plomb », « péter une durite », etc.

2. L'expression du Graal est empruntée à la légende arthurienne des chevaliers de la Table ronde au Moyen Âge. Ici, elle est prise comme image d'un but difficile que certains se fixent dans leur vie.

3. Héros de la mythologie grecque, il fait partie des rois légendaires de la ville de Thèbes et de la dynastie des

choisit alors de se crever les yeux et glisse du héros au zéro. Parmi les vainqueurs de guerre, Jeanne d'Arc[1] sauve la France mais finit brûlée vive, laissant penser qu'une victoire militaire ne garantit pas le Bonheur. Parmi les champions, le grand cycliste René Pottier remporte le Tour de France en 1906, et se suicide l'année suivante pour un chagrin d'amour, privilégiant la mort à la victoire. Enfin, parmi les stars, Patrick Dewaere, alors étoile montante du cinéma, met fin à ses jours le 16 juillet 1982, préférant le trépas à la reconnaissance médiatique et culturelle. Il est intéressant de préciser que son geste a lieu un mois avant la sortie du film *Paradis pour tous* dont il venait d'achever le tournage, une comédie dramatique mâtinée de science-fiction sur la création artificielle du Bonheur. Autres exemples criants : Romy Schneider est retrouvée morte chez elle le 29 mai 1982. Suicide ou accident médicamenteux dépressif ? L'histoire n'a jamais tranché. Robin Williams,

---

Labdacides. Sophocle lui consacre une tragédie, *Œdipe roi*, en 429 av. J.-C., qui raconte son terrible destin qui va du parricide à l'inceste.

1. Née le 6 janvier 1412 et exécutée le 30 mai 1431.

acteur du fameux film *Le Cercle des poètes disparus*, se suicide le 11 août 2014.

Si, donc, l'élévation sociale d'une personne ne l'empêche pas de s'aveugler, d'être tuée ou de se tuer elle-même, cela signifie que le Bonheur ne vient pas de la hauteur. Il vient d'ailleurs. Mais d'où ? Bonne question. Et si le Bonheur n'était pas là où tu pensais le trouver ? Si tu comprends que le Bonheur n'est ni *facile* ni *difficile*, tu commences peut-être à entrevoir son origine. Il faudra d'abord que tu t'intéresses au *Malheur*, cette situation que tu connais et que tu n'as pas nécessairement pu éviter. Une fois compris le contexte qui te plonge dans le Malheur, il deviendra alors utile de t'immerger dans l'*Heur*, ce moment de la chance que tu apprécies. Et, lorsque tu auras franchi le Malheur et compris l'Heur, tu pourras te diriger en souriant vers le *Bonheur*. Parce que tu sauras qu'il est le fruit de ta volonté. Dès lors, même si ton Bonheur ne fait pas de toi une célébrité, tu le célébreras.

I – Le Malheur

Le Malheur est-il une constante dans l'histoire[1] de l'humanité ? La réponse peut paraître évidente mais, il faut être honnête, nous savons peu de choses des êtres humains qui vivaient il y a quelques milliers d'années et moins encore de leurs ancêtres, il y a quelques millions d'années[2]. Si l'espérance de vie de l'*Homo sapiens*[3] était de dix-huit ans[4] il y a 300 000 mille ans, il est osé de projeter sur lui notre mentalité actuelle alors que nous

1. Le terme « histoire » est pris au sens large, incluant les ancêtres du *sapiens*, à savoir les australopithèques.
2. Notamment le *Sahelanthropus tchadensis*, il y a environ 7 millions d'années.
3. Les fossiles les plus vieux datent d'il y a environ 300 000 ans. Nous faisons partie de *l'Homo sapiens*, les autres espèces s'étant éteintes.
4. Yuval Noah Harari, *Sapiens*, Albin Michel, 2012.

vivons aujourd'hui plus de 80 ans selon les pays. Même si cela peut te paraître paradoxal, notre ancêtre, qui vivait dans la nature, était sûrement moins obsédé par la mort que nous[1]. Il faut supposer que lorsqu'il ignorait ce qu'il pourrait manger le lendemain, ou même s'il mangerait, son rapport à la vie et à la mort devait beaucoup différer du nôtre. Il serait donc hasardeux de croire qu'un Cro-Magnon[2] ou qu'un *Homo sapiens* du début était plus malheureux qu'un Américain d'aujourd'hui. Bien sûr, l'existence de ce lointain ancêtre n'était pas facile, mais il avait un avantage indiscutable : il n'était pas centré sur son *Ego*. Il vivait pour *sur-vivre*. Dès lors, osons cette hypothèse : la manie de l'être humain postmoderne de se vivre comme un Ego n'est-elle pas responsable de son Malheur ?

1. Cf. le film *Time Out* (2011) dans lequel chaque être humain est génétiquement modifié de façon à ce qu'à partir de l'âge de vingt-cinq ans il doit acheter son temps de vie, jour après jour et année après année, ou mourir s'il n'en a pas les moyens. Le personnage féminin, issu d'une classe privilégiée et donc riche de réserves de plusieurs siècles à vivre, a plus peur de mourir que celui, né pauvre, qui a l'habitude de ne pas savoir s'il vivra encore le lendemain.
2. *Homo sapiens* situé en Europe entre 48 000 et 12 000 av. J.-C.

Reconnaissons que le Malheur a une origine très humaine. Une origine, donc, à la fois culturelle, linguistique et historique. Cela ne veut pas dire que les hommes n'ont pas souffert dès leur apparition, mais qu'il est possible de souffrir sans être malheureux et, à l'inverse, d'être malheureux sans souffrir. Issu de *malum*, le terme désigne « ce qui est mauvais » et donne en français le mot « mal » ; quant à « heur », il vient du latin *augurum* qui signifie « présage ».

Le « mal-heur » est donc un « présage défavorable » : il indique qu'un événement va *mal* se passer et que celui qui ne l'a pas prévu le reçoit violemment. À l'origine, cette conception du Malheur est *fataliste*. Les Romains voyaient dans ce qui arrivait un signe à interpréter. Ainsi, les prêtres – les fameux augures – observaient le vol des oiseaux pour en arriver à cette conclusion : si l'oiseau venait de la gauche[1], le Malheur se produirait ; en revanche, si l'oiseau venait de

1. En latin, « gauche » se dit *sinistra*, ce qui n'est pas bon signe !

la droite, le Bonheur serait au rendez-vous. Précisons que les Romains de l'Antiquité, comme les Égyptiens et les Grecs, aimaient les dieux : ils étaient polythéistes. Avec le judaïsme, le christianisme et l'islam, les hommes délaissèrent les dieux multiples pour n'en garder qu'un seul. Dans le monothéisme, le Malheur ne vient plus du destin : il découle alors du *péché* comme fruit de la volonté. Souviens-toi qu'Adam et Ève mirent fin à leur relation pure en entrant dans la sexualité, celle-ci étant symbolisée par la tentation consommée du *fruit de la connaissance*, faisant du *mal* le fruit de leur liberté et la problématique ancestrale de l'humanité. Dès lors, que tu penses en tant que polythéiste ou en tant que monothéiste, *le mal* est là. Il provient du *destin* pour le premier et de *la faute* pour le second. *Fatalisme* contre *culpabilité*, mais *mal* dans les deux cas.

Donc, lorsque l'être humain quitte la religion pour la science, est-il délivré du Mal ? La science veut expliquer les phénomènes naturels suivant un goût de la vérité progressivement libérateur des croyances. Le mathématicien du XIXe siècle Henri Poincaré écrivait : « La liberté est pour la science ce que l'air est pour l'animal. » Ce passage de la Foi à la Raison, via la vérité et la liberté, laisse donc espérer de la science qu'elle mette fin au Malheur de l'être humain. La confiance alors se déplace : au lieu de reposer sur la croyance en Dieu, elle se pose sur la mathématisation du réel, les applications techniques et la prévision des événements. Compter plutôt que prier, calculer plutôt que croire. Au diable l'ignorance, vive la science ! Ainsi, pendant près d'un siècle – de la moitié du XIXe siècle jusqu'en 1945 – la science met l'humanité en confiance : elle produit régulièrement de nouvelles découvertes et développe des machines et des domaines d'étude modifiant la vie quotidienne de l'être humain, qu'il s'agisse de la voiture, du train, de l'avion, du cinéma, de la radio et de la télévision, sans parler de l'informatique. Sous l'union de la science et de la technique, l'Occident libère la population de nombreuses peurs. L'humanité va de l'avant, habitée par son goût du progrès. La peinture de Dufy intitulée *La Fée Électricité*, en 1937, illustre ainsi joliment notre confiance enthousiaste pour cette nouvelle forme d'énergie – l'électricité – qui a révolutionné nos vies quotidiennes.

Hélas ! Le développement de cette union entre la science et la technique – appelons-la « technoscience » – ne produit pas seulement des progrès positifs. Si l'électricité est prometteuse de lumière et d'énergie, nous découvrons en 1945 que l'énergie nucléaire peut aussi conduire à fabriquer des bombes (Nagasaki et Hiroshima[1]) et provoquer des accidents (Three Mile Island en 1979, Tchernobyl en 1986, Fukushima en 2011[2]). Patatras ! La technoscience accélère ses

1. Les deux bombes firent plus de deux cent cinquante mille morts.
2. Pour ne citer que ces trois-là qui attinrent le niveau 7 du risque nucléaire. Mais il y eut des milliers de problèmes à d'autres niveaux (de 1 à 6) qui laissent deviner que la suite ne sera pas tranquille.

découvertes tout en accroissant les dangers et, dans la foulée, *le Malheur de l'humanité*.

En effet, outre les dangers nés de la technoscience, l'être humain découvre de nouvelles sources de Malheur. Souviens-toi que les femmes et les hommes veulent désormais vivre vieux, le plus vieux possible. Pourquoi pas ? Les progrès scientifiques jouent donc un rôle indéniable dans cette nouvelle espérance de vie dont la moyenne augmente régulièrement. Pourtant, ce qui est bizarre chez les citoyens actuels ne vient pas de l'augmentation de leur espérance de vie, mais de leur *angoisse de mourir*[1]. Cette angoisse est paradoxale puisque plus l'être humain voit son espérance de vie augmenter, plus il accroît ce sentiment d'angoisse et, par conséquent, son *Malheur*. Cela peut faire sourire si tu te souviens que les Cro-Magnon vivaient en moyenne moins

1. Naturellement, la peur est un sentiment face à un réel danger. Parler de la peur de mourir relève d'une expression qui ne doit pas nous faire oublier la distinction entre la peur et l'angoisse, la seconde se manifestant face à un danger imaginaire.

longtemps qu'un cheval aujourd'hui[1] et ne s'angoissaient probablement pas plus que les animaux de leur disparition.

Il est d'ailleurs étonnant de constater que certaines personnes riches n'acceptent pas la mort. Elles décident de confier leur corps à une entreprise qui « cryogénisera[2] » leur cerveau, leur cœur ou leur corps[3] le jour de leur décès ! Le but de cet acte : attendre en espérant que la recherche évolue afin de pouvoir les « remettre » en vie le moment venu. Le pré-Bonheur dans un frigo ! On imagine bien que si cela n'arrivait que dans 2 000 ans ces personnes auraient sûrement quelques difficultés à parler la langue de ceux qui les réveilleraient ! Déjà, les Pharaons souhaitaient que leur corps

1. L'espérance de vie actuelle d'un cheval domestiqué se situe entre vingt-cinq et trente ans selon les races.
2. Créée en 1972, la Fondation Alcor accueille, pour une somme peu modeste, ton corps ou ton cerveau dans un caisson à basse température. La cryogénisation est un procédé consistant à conserver à moins de 190°C des cadavres dans l'espoir que la médecine du futur parviendra à les ressusciter.
3. C'est au choix, le cerveau seul revenant moins cher que le corps intégral.

puisse perdurer le plus longtemps possible à leur disparition. Embaumés au moyen de matières balsamiques, les corps des Pharaons défunts étaient ainsi momifiés, tout comme ceux de la classe supérieure qui se faisait embaumer post mortem. Suivaient également des animaux, chats ou lions, et des aliments (pain, œufs, graines, etc.). Donc on peut s'attendre à voir nos animaux domestiques être bientôt cryogénisés à leur tour ! Dès lors, pourquoi ne pas pratiquer aujourd'hui cette nouvelle forme de momification, les bandes en moins, mais le cryogène en plus ? Si les Pharaons n'étaient pas les seuls à être momifiés, il est probable que la cryogénisation se démocratisera aussi !

Soyons clairs, nous vivons aujourd'hui une angoisse de la mort – l'angoisse reposant sur l'inconscient et la non-maîtrise de ce qui est vécu – qui est bien plus forte que lorsque les religions[1] régnaient et nourrissaient

1. Les religions donnent du sens à la mort, notamment en parlant d'une vie après, cette mort étant considérée comme

les âmes. Si le croyant n'est pas toujours *heureux* – loin s'en faut –, il est presque toujours moins inquiet de sa future mort[1] que l'agnostique ou l'athée. Il faut dire que le croyant pense qu'il débutera une nouvelle vie, la mort étant un passage pour quitter une vie – souvent médiocre et, parfois, injuste ou violente – et entrer dans une autre existence beaucoup plus enthousiasmante[2]. Dans les religions monothéistes, par exemple, le croyant qui meurt abandonne le temps pour l'Éternité, un monde matériel pour un paradis spirituel, voire un *Malheur actuel* pour un *Bonheur éternel.* En revanche, avec la technoscience, la vision de l'athée est généralement pessimiste : d'un côté il sait que la vie est plus confortable, plus sûre et

---

un passage vers un autre corps (animisme), une autre vie (polythéisme) ou la vie éternelle (monothéisme).

1. Au Moyen Âge, la mort n'était pas une fin définitive mais un passage qui permettrait à la personne, le jour du Jugement dernier, d'entrer dans l'Éternité. Certes, les mauvais allaient en enfer, les bons, au paradis et les autres, la majorité, au purgatoire où, selon la doctrine catholique, les âmes de ceux qui meurent en état de grâce vont expier les péchés dont ils n'ont pas fait une pénitence suffisante ici-bas.

2. Excepté les pécheurs dans le christianisme.

plus longue qu'auparavant, et de l'autre côté il se montre *frileux* du présent, *inquiet* de l'avenir et, surtout, très *angoissé* par la mort.

Désormais, tout être humain dépourvu de religion n'a qu'une vie – *one shot*, comme diraient les Anglais – qui s'arrête définitivement le jour de sa mort. *Terminus-tout-le-monde-descend*: tu es arrivé(e). Une telle vie a le mérite d'être claire, sans mystère ni ambiguïté. Mais n'a-t-elle pas perdu quelque chose en route ? Dans cette conception linéaire de l'existence, l'être humain n'a-t-il pas fermé les portes de sa conscience ? N'a-t-il plus devant lui, dorénavant, qu'un hublot lui montrant son avenir, mais qui l'empêche de regarder le réel dans la complexité de toutes ses probabilités ? Le paradoxe est le suivant : plus l'être humain vit vieux et croit en la science, moins il est heureux. Plus il repousse la mort loin dans le temps, moins il s'attend à ce qu'elle survienne et plus elle l'angoisse. Tu comprends alors que l'augmentation de ton espérance de vie ne résout nullement ton angoisse de mourir.

Depuis que la mort se voit, se vit et se pense comme un *arrêt définitif*, elle devient une réalité injuste, tellement injuste qu'elle doit arriver le plus tard possible. L'adulte a désormais une angoisse indéniable de mourir et, bizarrement, son angoisse croît de manière proportionnelle aux progrès de la médecine et de la chimie : plus l'espérance de vie humaine augmente, plus l'angoisse de mourir se développe. Mais lorsque la mort survient chez un enfant, elle est reçue comme une catastrophe encore plus injuste que le décès fauchant un adulte. Souvent imprévue, la mort d'un enfant est jugée *cruelle*. Les parents trouvent *inacceptable*[1] le fait de voir disparaître leur enfant, quand bien même la médecine a tenté de le sauver[2].

---

1. À l'inverse, une personne ayant la foi considère que la mort d'un enfant n'est pas une injustice mais un rappel à Dieu par Dieu. Dans *Deux petits pas sur le sable mouillé* (Les Arènes, 2011), Anne-Dauphine Julliand raconte la vie de sa fille qui développe à l'âge de deux ans une maladie génétique incurable ne lui laissant que quelques mois à vivre. Quelques mois de bonheur qu'elle vivra en famille et qui renforceront la foi de beaucoup de lecteurs.
2. Il y a des morts subites de l'enfant (accident, arrêt cardiaque, meurtre) que la médecine ne peut pas empêcher.

Devant le bébé ou l'enfant qui meurt, la tristesse des parents est bien sûr compréhensible. Cependant, il faut se souvenir que le même événement à des époques différentes n'a pas toujours suscité la même émotion. C'est ainsi que, jusqu'au XIXe siècle, non seulement la mère perdait souvent plusieurs enfants à la naissance ou au cours de leur enfance, mais elle risquait elle-même de mourir en accouchant ou des suites d'un accouchement[1]. Dans un tel contexte, comprenons bien la mentalité de l'époque. La chance de survie d'un enfant était faible et la tristesse des parents se déclenchait rarement. Au XVIe siècle, Montaigne donne un exemple qui éclaire l'attitude des parents vis-à-vis du décès des enfants : « J'ai perdu deux ou trois enfants en nourrice, non

1. Accouchements nombreux si elle survivait aux premiers. L'enfant aurait été considéré au Moyen Âge comme un gêneur dont la fragilité et les vices rappelaient la triste nature humaine. John F. Kennedy eut quatre enfants dont deux moururent à la naissance tandis que sa mère en avait eu neuf dont deux moururent à la naissance. Ainsi, jusqu'à la première moitié du XXe siècle aux États-Unis, la mort infantile n'était pas rare.

sans regrets ni sans fascherie[1]. » Montaigne reconnaît ainsi qu'une partie de ses enfants moururent à la naissance, ce qui visiblement l'affecta ; mais comme il ne se souvient plus du nombre de ses enfants décédés – deux ou trois ? –, tu te doutes que la perte des enfants à cette époque n'était pas vécue comme une catastrophe. Philippe Ariès nous rappelle d'ailleurs que la relation entre les parents et les bébés au Moyen Âge s'avérait peu affective : « Le passage de l'enfant dans la famille et dans la société était trop bref et trop insignifiant pour qu'il ait eu le temps et une raison de forcer la mémoire et de toucher la sensibilité. Cependant un sentiment superficiel de l'enfant – que j'ai appelé le "mignotage" – était réservé aux toutes premières années, quand l'enfant était une petite chose drôle. On s'amusait avec lui comme avec un animal, un petit singe impudique. S'il mourait alors, comme cela arrivait souvent, quelques-uns pouvaient

1. Montaigne, *Essais*, II, 8 (1580), Folio Classique, 2009.

s'en désoler, mais la règle générale était qu'on n'y prît pas trop garde, un autre le remplacerait bientôt. Il ne sortait pas d'une sorte d'anonymat[1]. »

Force est alors de reconnaître que nous vivons aujourd'hui une époque très différente et que le rapport des parents à l'enfant a été transfiguré. Le couple ne pratique plus le « mignotage » et n'oublie pas le nombre d'enfants qu'il a mis au monde, non seulement parce qu'il en fait moins que Montaigne ou que ceux qui vivaient au Moyen Âge, mais surtout parce que – du moins dans l'idéal – chaque bébé est désormais désiré et chéri avant même de naître. Disons que l'enfant est, de nos jours, valorisé pour deux raisons : il est *le fruit d'un amour* et il *devient rare.*

Rappelons qu'autrefois les enfants naissaient « à la chaîne » parce qu'il n'y avait pas de contraception fiable : ils étaient le résultat des relations sexuelles « incontrôlées » du couple. Lorsqu'un enfant mourait, il était

1. Philippe Ariès, *L'Enfant et la Vie familiale sous l'Ancien Régime*, Plon, 1960, préface, p. II.

donc vite oublié et remplacé et n'avait, très souvent, même pas encore reçu de prénom. Le taux de mortalité infantile[1] était d'ailleurs si élevé que les parents se protégeaient psychologiquement, anticipant cette mort en relançant une nouvelle grossesse. Encore aujourd'hui, dans certaines régions d'Afrique[2], avec la forte mortalité infantile qui sévit toujours, l'enfant ne reçoit pas de nom avant d'avoir passé l'âge de cinq ou sept ans. Au fond, *mignoter* ou *ne pas donner de nom*

---

1. Aux alentours de 1740 en France, près d'un nouveau-né sur trois mourait avant d'avoir atteint son premier anniversaire, victime le plus souvent d'une maladie infectieuse. La situation change à la fin du XVIIIe siècle : la mortalité infantile, c'est-à-dire la mortalité des enfants de moins d'un an, se met à baisser rapidement. Vers 1850, la mort ne frappe plus qu'un nouveau-né sur six. Cette baisse est principalement liée au succès remporté par la vaccination contre la variole, l'une des grandes causes de décès d'enfants à cette époque, mais aussi à l'amélioration des méthodes d'accouchement et des premiers soins donnés au nouveau-né. En 2015, moins de quatre nouveau-nés sur mille sont décédés avant leur premier anniversaire. Source : www.ined.fr/fr/tout-savoir-population/memos-demo/focus/la-mortalite-infantile-en-france

2. Selon les chiffres de l'UNICEF au 18 novembre 2019 : « en 2017, 50 % des décès d'enfants de moins de cinq ans dans le monde ont eu lieu en Afrique subsaharienne, et 30 %, en Asie du Sud-Est. Un enfant sur treize meurt avant son cinquième anniversaire en Afrique subsaharienne. »

à son enfant est une manière pour le parent d'affronter la réalité car il sait que le *nouveau-né* peut devenir un *nouveau-mort*. Or, au XXe siècle dans les pays dits « développés », les parents apprennent à maîtriser leur sexualité, voyant venir à leur disposition la préservation sexuelle[1], la contraception et la légalisation de l'avortement. Dès lors, l'enfant du XXIe siècle n'est plus une conséquence automatique de la sexualité. Il est devenu le fruit d'un choix, ce qui change complètement l'imagequ'il avait jusqu'ici. Avant, l'enfant était un accident habituel nous rappelant l'existence de la mort ; maintenant, il est une essence exceptionnelle nous faisant aimer la vie.

Mais l'originalité de l'enfant ne tient pas seulement au fait d'être désiré et aimé : elle vient de sa *rareté*. En effet, alors que l'enfant était autrefois démographiquement

---

1. Outre l'abstinence sexuelle, que l'humanité connaît depuis des millénaires, il y a désormais les préservatifs masculins et féminins, proposés sous de nombreuses formes comme la pilule, la capote fiable, le patch, l'implant sous-cutané qui, comme la pilule, bloque, notamment, l'ovulation, l'anneau vaginal et le stérilet.

important même si sa mortalité demeurait élevée[1], il ne constitue plus aujourd'hui la part majoritaire des êtres humains dans une société. En 2018, pour la première fois depuis la Préhistoire et dans toute l'histoire de l'être humain sur la planète Terre, les personnes âgées de soixante-cinq ans et plus sont plus nombreuses que les enfants de moins de cinq ans. Comptant 143 millions en 2019, le nombre de personnes âgées de quatre-vingts ans et plus pourrait atteindre 426 millions en 2050. En Europe de l'Ouest, il est prévu qu'en 2040 les personnes âgées d'au moins soixante-cinq ans représenteront, selon les pays, entre un quart et un tiers de la population[2]. Parallèlement, le nombre des enfants diminue, ce qui fait baisser leur proportion dans une population. C'est ainsi qu'en France, d'après des projections

1. C'est encore le cas aujourd'hui dans certaines sociétés qui continuent d'avoir une démographie forte et active. L'Afrique a toujours une démographie dynamique, même si celle-ci baisse indéniablement.

2. L'Allemagne et l'Italie seront probablement les deux pays à avoir une proportion de personnes âgées atteignant le tiers de la population.

démographiques[1], le nombre d'enfants de moins de quinze ans ne représentera plus que 15 % de la population de 2020 à 2060. En revanche, la population âgée de quinze à soixante-quatre ans représentera 55 % des habitants en France tandis que les personnes âgées de plus de soixante-quatre ans atteindront 30 %. La gloire de l'enfant est donc paradoxale : elle ne vient pas du fait qu'il domine quantitativement une population, mais de sa rareté qui vaut qualité. Il est vrai que ce qui est rare est cher ! C'est une règle économique qui visiblement s'étend à l'amour dans une société qui n'est plus religieuse ou politique mais… économique. C.Q.F.D. : nous aimons les enfants pour un motif qui est plus économique que nous pourrions le penser. Cette nouvelle situation démographique nous permet alors de mieux comprendre la tristesse des parents lors du décès de leur enfant. Personnalité rare et fruit de l'amour, l'enfant est une nouvelle

1. Tableaux de l'économie française, https://www.insee.fr/fr/statistiques/1906743, 2016.

élite dont la mort est une *injustice* pour les parents et un *Malheur* pour la société.

À noter que l'enfant qui sait qu'il va mourir de sa maladie ressent la tristesse de ses parents et se culpabilise plus de leur souffrance morale que de sa propre souffrance physique.

Ainsi, cette vision postmoderne que nous portons sur l'enfant mérite réflexion. En effet, il ne s'agit pas de *moins aimer l'enfant*, mais de l'aimer autant, voire plus, *sans angoisse* et avec davantage de lucidité. Dès lors, il devient important de porter sur la réalité un autre regard et de commencer à réfléchir sur la mort afin de s'y préparer plutôt que de se laisser envahir par la tristesse lorsqu'elle survient. Épictète, philosophe stoïcien et esclave, nous invitait déjà, au début de notre ère, à *peser*, *penser* et *reconsidérer* la mort : « Ne dis jamais à propos de quoi que ce soit : *Je l'ai perdu*. Dis : *Je l'ai rendu*. Ton enfant est mort : c'est une restitution. Ta femme est morte : c'est une restitution. *Et si on me vole mon petit domaine ?* Restitution encore.

Mais le voleur est un scélérat ! Que t'importe le moyen dont celui qui t'a donné ce bien se sert pour le réclamer[1] ? »

De là, si tu comprends, lectrice, lecteur, que ton enfant mort n'a pas *perdu* la vie mais l'a simplement *rendue*, cela signifie qu'avant de faire cet enfant tu savais qu'il pourrait partir avant toi. Il en va de même pour ton conjoint et tes biens. Au fond, tu ne *possèdes* rien de ce qui est extérieur à toi. Tu ne possèdes que ce qui t'est intérieur, à savoir tes pensées. Or, lorsque tu considères avoir perdu une réalité qui t'était extérieure (l'enfant, le conjoint, la propriété privée), tu t'attribues de manière fantasmée ce qui ne t'appartenait pas.

Lorsque tu « fondes » la mort de ton enfant ou de ton conjoint sur la maladie, tu cherches *une cause* à la mort, voire *un responsable* ; tu refuses au fond d'être toi-même *res-ponsable*, c'est-à-dire capable de *répondre* de la mort de ce proche. Attention :

1. Épictète, *Manuel*, Rivages poche, Petite Bibliothèque, 1994, p. 26-27.

responsable ne veut nullement dire « coupable ». La responsabilité signifie ici que *tu comprends* et *acceptes* les événements qui arrivent parce que tu les as anticipés. Tu *réponds* donc des événements avant qu'ils n'arrivent et, lorsqu'ils arrivent, tu les *accueilles*. À l'inverse, le père, le mari ou le propriétaire qui n'accepte pas l'événement qui arrive – la mort de son enfant ou de son épouse, la décision testamentaire d'un parent à son désavantage, un cambriolage ou un incendie – ne l'avait tout simplement pas *pré-vu* et en attribue donc la cause à un phénomène extérieur (la maladie, un accident, un assassinat, un vol, une trahison, une catastrophe naturelle), ce qui est une manière de se mentir à lui-même en refusant d'admettre que faire un enfant, épouser une personne ou acheter un bien matériel suppose que les deux premiers peuvent quitter ce monde tandis que le troisième peut être endommagé, détruit ou récupéré par un autre. Cette difficulté que nous avons à anticiper la vie doit nous faire relire

Shakespeare, qui écrit : « Dès qu'on est né, déjà on est assez vieux pour mourir[1]. »

L'attitude consistant à chercher une cause directe de ce qui est arrivé – ici, la mort de l'enfant – permet bien sûr de donner un sens à cette mort et, le cas échéant, d'obtenir de la police et de la Justice, si elles trouvent et punissent le coupable, un moyen de se consoler. Il est évident que la *consolation* est moins négative à vivre que la tristesse ; cependant, la consolation maintient un sentiment négatif. En effet, que le parent soit *triste* de la mort de l'enfant ou *consolé* par l'action des services de la Justice ne change pas sa conscience : il pense que l'événement aurait dû ne pas arriver. Ce refus de l'injustice est si tenace que le citoyen attend de la police et de la Justice non seulement qu'elles arrêtent et punissent le criminel, mais aussi qu'elles modifient la société. Le désir ou le rêve de chaque victime serait que la punition empêche les personnes méchantes

1. Falstaff, personnage comique dans la pièce *Henri IV* (1596-1598) de William Shakespeare.

de commettre ce genre de crime. Hélas, ce désir n'atteint jamais son but. Les victimes font souvent voter des lois qui interdisent certains actes, comme par exemple les mutilations sexuelles féminines qui sont désormais considérées dans certains pays africains comme une violation des droits fondamentaux des filles et des femmes. Elles sont une atteinte à leur intégrité physique. Il s'agit de pratiques traditionnelles néfastes.

Mais, par définition, un criminel ne respecte pas une loi, qu'elle soit nouvelle ou ancienne : il pratique le crime qui existe probablement depuis le début de l'humanité et qui continuera d'exister jusqu'à sa fin. Il est donc logique que ce rêve réduise le Malheur en donnant plus de pouvoir à la police, et que la Justice ait fait l'objet de tant de livres[1] et de films. C'est notamment le cas de *Minority Report*[2]. L'argument de cette œuvre de science-fiction, dont l'action

---

1. Philip K. Dick, *The Minority Report*, nouvelle, 1956. Notamment.
2. Film de science-fiction réalisé par Steven Spielberg, 2002.

est censée se dérouler en 2054, est qu'il est devenu possible d'arrêter un voleur ou un criminel par anticipation, c'est-à-dire *avant* le méfait qu'il prépare. Or, ce qui est original dans cette fiction tient au fait que la police n'intervient plus *après* la mort d'une victime ; elle intervient *avant* le crime en arrêtant le supposé criminel qui s'apprêtait à tuer quelqu'un. Selon cette œuvre littéraire et cinématographique, le criminel n'est donc plus celui qui *tue* : il est celui qui *désire tuer*. Ce nouveau genre de criminel n'est alors plus condamné pour *son acte* ; il l'est pour *son désir de l'acte*. Ainsi, en remontant d'un cran le critère du mal – soit en fondant la responsabilité du crime sur *le projet criminel* – cette société fictive nous invite à croire que nous sortirions du Malheur si nous arrêtions à l'avance les personnes risquant de faire (le) mal.

En amont de la police, trois mutants de « précognition » voient les crimes par anticipation. C'est ainsi que *Minority Report* met en scène ce projet de rendre la justice *avant* que le crime ait lieu. Le propos de cette œuvre est excitant dans la mesure où il interroge le rôle de la police et envisage son avancée spectaculaire dans la vie des sociétés qui connaissent toutes le mal sans jamais parvenir à l'éradiquer. Après tout, l'humanité progresse et pourrait s'orienter, avec une réforme policière comme celle-ci, dans la direction du bien. Il faut dire que la société occidentale vit dans une telle angoisse qu'elle a inventé des assurances nous permettant d'anticiper des choses négatives (incendie, accident, vol, etc.) et d'être dédommagés lorsqu'un de ces événements arrive. D'ailleurs, il est question de « polices d'assurance », ce qui en dit long sur l'angoisse qui pousse les Occidentaux à multiplier des contrats d'assurance sur tout ce qui pourrait « mal » se passer dans la vie, la mort étant incluse dans cet ensemble par une « assurance vie » ! Il est donc logique qu'un romancier pousse le bouchon plus loin en nous montrant que les extralucides alliés à la police pourraient faire mieux que l'assurance : mettre fin à la criminalité. Si un programme comme celui-ci se réalisait, il ne serait donc plus nécessaire de s'assurer contre le vol, le meurtre et l'incendie criminel. La sécurité deviendrait absolue, l'assurance, inutile et l'humanité, sereine et heureuse.

Malheureusement, ce projet n'est pas pour demain. *Minority Report* révélera que le héros, un chef de brigade, apprend un jour d'un des extralucides qu'il va *lui-même* tuer une personne qu'il ne connaît pas ! Le romancier nous laisse ainsi comprendre que cette méthode a sa limite et qu'à force de perfectionner la Justice, celle-ci finira par commettre des injustices. À noter la traduction en français du titre, « Rapport minoritaire », car dans cette fiction il est possible qu'un des trois mutants ne soit pas d'accord avec les deux autres, ce qui remet en question l'objectivité de leur prévision sur laquelle se fonde la police. En réalité, ce roman/film décrit moins un projet utopique nous permettant de changer notre société qu'une angoisse actuelle nous conduisant à imaginer un monde sans criminalité. Admets alors que cette œuvre en dit plus sur notre angoisse face au réel que sur notre pouvoir de l'affronter. C'est connu, « le mieux est l'ennemi du bien ». D'ailleurs, cette fiction, qui repose sur un excès de justice, n'est pas sans rappeler l'époque de la Prohibition aux États-Unis qui, de 1920 à 1933, interdisait la vente et la consommation de l'alcool[1] : elle a donné lieu à un commerce parallèle d'un alcool plus nocif que celui qui, auparavant, était en vente libre dans les commerces. Il y a ainsi une continuité dans le puritanisme américain, qu'il contrôle l'alcool par une loi ou qu'il bloque les pulsions criminelles dans le cadre d'une fiction littéraire et cinématographique. Il serait alors préférable de réfléchir au Malheur avant de croire y trouver une solution dans les services de l'État.

1. Seul le vin était resté autorisé car considéré comme le sang du Christ par un pouvoir politique chrétien.

En réalité, l'homme est *responsable de son Malheur*. Cela peut te paraître difficile à admettre lorsque la personne est victime de quelqu'un de méchant. Apparemment, une victime n'a rien à voir avec le méchant qui lui a fait du mal. Pourtant, il serait bon de reconnaître que le mal a deux visages – celui du méchant et celui de la victime – et que tu gagnerais beaucoup à y penser pour ne plus le subir.

Je me doute que tu n'es pas méchant(e). En revanche, tu as probablement déjà rencontré un(e) méchant(e) et, probablement, subi ce qu'il t'a fait.

Commençons par ce méchant. Il peut être voleur, violeur ou tueur. Il est donc animé par une pulsion ou un projet[1] qui consiste à faire du mal à autrui dans le but de se faire du bien. Son comportement est donc fondé sur un raisonnement primaire – vieux comme l'humanité – mais signe d'une

1. Le projet est tout autant pulsionnel, mais il donne l'impression que la raison dépasse et maîtrise la pulsion alors qu'elle n'en est que le prolongement.

intelligence lacunaire. Pourquoi ? Mais parce qu'une personne qui commet le mal n'a pas vraiment conscience de ce qu'elle fait. Bien sûr, elle sait qu'elle *fait du mal* à la personne qui subit ses *actions*[1]. Pour autant, ce mal qu'elle fait à autrui lui semble être au service de « son » bien. Au-delà du préjudice qu'elle inflige, de la souffrance qu'elle déclenche ou du meurtre qu'elle commet, cette personne reste convaincue qu'elle a intérêt à faire cela et qu'elle en sortira victorieuse. Bref, dans la logique « Malheur implique Bonheur[2] », le premier lui paraît être la cause du second. Faire le mal pour être heureux : telle est la croyance naïve du méchant en une pratique, croyance aussi peu réaliste que de croire que l'eau produira le feu. Comme si sa logique pouvait s'imposer à la réalité, comme si l'équation « Malheur implique Bonheur » avait un fondement physique.

---

1. Actions qui sont en réalité des passions, le méchant étant au fond *passif*.
2. À ne pas confondre avec « Malheur subi », qui ne conduit pas au Bonheur mais qui repose cependant sur la confusion négative de ce « fait » par l'imagination.

Ce qui est évident car illustré par des exemples, c'est qu'une personne qui fait le mal se fait mal, ce qu'elle pressent, au moins inconsciemment, sans pour autant s'arrêter dans sa pulsion ou la réalisation de son projet. Que le méchant se fasse mal semblerait couler de source puisqu'il y a des millions d'exemples de ce retour de la méchanceté sur ce genre de personnes dans l'histoire. N'est-ce pas le cas de Hitler qui, après son accession au pouvoir en Allemagne en 1933 et son prolongement avec le déclenchement de la Seconde Guerre mondiale, finit par se tuer lui-même pour échapper à ceux qui l'auraient capturé et ne l'auraient pas rendu heureux ? N'est-ce pas le cas du président de la Lybie, Mouammar Khadafi, assassiné cruellement par les combattants de Misrata qui tiennent alors leur revanche : il est roué de coups, insulté, humilié. Deux heures plus tard, il meurt, une balle dans la tête, une autre dans la poitrine[1]. Et ce phénomène

1. Il existe plusieurs versions de sa mort, l'une affirmant qu'il se cachait dans un trou avant d'être blessé, capturé et tué.

est observable depuis l'Antiquité grecque avec le tyran lydien Gygès, et dans tous les pays et à toutes les époques, pour les petits criminels comme pour les grands despotes.

Le méchant est donc d'une naïveté incroyable. Il se croit tout-puissant alors que la conséquence de son action prouve son impuissance et son incompréhension de la réalité. De là, il est absurde de trouver « actif » ou « active » celui ou celle qui s'excite pour maintenir une dictature ou commettre délits ou crimes. À titre d'exemple de femme cruelle qui finit mal, pensons à Messaline : dans la (courte) vie de la troisième épouse de l'empereur Claude, seules trois choses comptent, le *pouvoir*, le *sexe* et l'*argent*. Des centres d'intérêts – certes semblables à ceux de nos politiciens actuels – qui l'incitent à commettre bien des impairs. Entre autres, pousser au suicide le propriétaire des jardins de Lucullus afin de s'y promener à son aise, obliger des femmes de notables à les tromper sous leurs yeux ou encore faire exiler la jolie sœur de Caligula en l'accusant d'adultère avec

Sénèque. Tandis que la répression organisée par l'affranchi Narcisse frappe l'entourage de Messaline après son remariage avec le sénateur Caius Silius, celle-ci se réfugie dans les jardins de Lucullus. Craignant que la colère de Claude ne retombe, Narcisse, qui a les pleins pouvoirs jusqu'à la fin de la journée, « ordonne aux centurions et au tribun de procéder à l'exécution de Messaline. Pour les surveiller, on leur adjoint l'un des affranchis, Évode, qui les précède en hâte jusqu'aux jardins. Il trouve Messaline étendue par terre, avec auprès d'elle sa mère Lepida, qui essaye de la persuader de ne pas attendre celui qui la tuerait, et de chercher une mort honorable. [...] Lorsque la porte est enfoncée, le tribun se place debout près d'elle en silence, tandis que l'affranchi l'accable d'injures. Alors, elle comprend quel est son destin et elle prend un poignard qu'elle approche en vain de son cou ou de sa poitrine, tant elle tremble : d'un coup, le tribun la transperce[1] ».

1. Wikipédia, *La Mort de Messaline* (tableau de Fernand Lematte).

Le méchant est donc sous l'emprise des *passions*, ce qui indique sa profonde *passivité*. Bien sûr, son entourage peut être fasciné par sa quête du pouvoir ou de l'argent et par ce qu'il fait pour dominer un quartier, une ville, un pays ou un continent. Mais au-delà de ses stratégies et de ses pratiques laissant croire à beaucoup de gens qu'il est intelligent, sa passion révèle autant son extrême passivité que la faiblesse de son raisonnement. De Hitler au délinquant, il n'y a qu'une différence de niveau de passivité[1]. Bizarrement, Hitler est plus passif qu'un délinquant, car non seulement il fait primer en lui la passion sur la raison, mais en plus il étend cette passion à son pays et même au-delà, ce que ne fait jamais un délinquant. Le dictateur est donc beaucoup plus passif qu'un délinquant : le premier contamine son pays de sa passion, ce qui n'est pas le cas du second qui conserve un rapport plus rationnel à la réalité[2].

---

1. Nombre d'historiens ne voient pas cette faiblesse intellectuelle des tyrans. Ils se valorisent comme historiens sans être conscients qu'ils restent eux-mêmes intellectuellement passifs et infra-rationnels.
2. Il ne s'agit pas de dire que le délinquant est plus intelligent

Si le méchant est soumis à ses passions qui indiquent sa passivité, qu'en est-il de sa victime ? A priori, leurs deux comportements s'opposent : l'un commet le mal, l'autre le subit. Cependant, tu sais désormais que le méchant est passif. Aurait-il alors un point commun avec la victime ? La question est osée et mérite réflexion. En effet, souviens-toi que la victime ne désire pas être maltraitée : elle est donc passive en subissant ce qui lui arrive. Cependant, cette passivité matérielle ne devrait pas se doubler d'une passivité psychique. Or, en considérant l'événement qui a lieu comme quelque chose qui *aurait dû ne pas arriver*, la victime plaque sur l'événement une grille de lecture qui est fausse. Il ne s'agit nullement de dire qu'une victime devrait aimer ce qui lui arrive de négatif, qu'il s'agisse d'un vol, d'un viol ou de l'assassinat d'un proche. Tel n'est pas le propos. Il convient en revanche

---

que le tyran, mais seulement de reconnaître qu'il est moins fou en commettant un acte qui entraînera une sanction prouvant que son acte est bien plus passif qu'actif.

de comprendre qu'un phénomène que la victime n'a jamais anticipé lui apparaît toujours comme une réalité *exceptionnelle* et injuste alors qu'elle est seulement *injuste*.

Pourquoi un tel événement injuste n'est-il pas *exceptionnel* ? Il n'est pas ici question de chercher à banaliser ce genre d'événement, qui existe dans tous les pays mais qui varie en quantité d'un pays à un autre. Il importe juste de bien saisir deux choses : d'une part, la vision du mal comme une exception est une *erreur logique*, et d'autre part, l'interprétation du mal comme « la source de mon Malheur » est une *erreur psychologique*. En d'autres termes, il est d'abord erroné de considérer qu'un événement négatif est *exceptionnel* dans la mesure où il fait partie de la réalité. En niant la possibilité que des événements méchants se produisent, la potentielle victime s'éloigne de la réalité. Elle n'est pas réaliste et, lorsque l'événement se produit, elle le considère irréel puisqu'il aurait dû, selon elle, ne pas arriver. En disant « irréel », j'entends que la réaction de la victime est tellement émotionnelle qu'elle considère que la personne tuée (pour choisir un exemple des plus dramatiques) aurait dû ne pas l'être, ce qui constitue un déni de la réalité. Avec une telle réaction, la victime dans son déni voudrait revenir en arrière, avant le crime[1]. Si sa colère et sa tristesse rendent évidente sa réaction, il est toutefois important de comprendre l'erreur logique qui la fonde : le mal est un « possible » et non une *exception*. En considérant cet acte criminel comme une exception, la victime se trompe logiquement : elle prend ce qui arrive comme une *anomalie*[2]. Mais en réalité, le vol, le viol et le crime sont aussi *normaux* que l'accident, la maladie et la mort naturelle. En étant déclarés normaux, ces événements ne sont nullement valorisés, ils sont seulement considérés comme des *réalités* que nous devons anticiper. Dès lors, en ne comprenant pas l'événement qui se produit, faute de

1. D'où la force imaginaire des livre et film *Minority Report*.
2. Cf. Max Weber, *Le Savant et le Politique* (1919), Union Générale d'Éditions, 1963.

l'avoir anticipé, la victime le considère *illogique* et se retourne vers la Justice (ou la vengeance) pour, inconsciemment, tenter de l'annuler. Or, la Justice punit le coupable – quand elle le trouve – mais elle ne pourra pas annuler l'événement qui eut lieu car il n'est pas en son pouvoir de ressusciter la personne assassinée ou d'annuler un viol. Au mieux peut-elle récupérer ce qui a été volé, à la condition que *l'objet* n'ait pas été *vendu* à une personne dont le voleur taira le nom, qu'il n'ait pas été *abîmé* ou *consommé* au point de ne plus correspondre à ce qu'il était avant d'être volé.

Cette erreur *logique* consistant à prendre ce qui arrive pour ce qui n'aurait pas dû arriver entraîne une seconde erreur qui est *psychologique*. En refusant d'accepter ce qui est arrivé, la victime *se fait mal* et bascule dans la passivité. Or, le Malheur devrait seulement se trouver du côté du méchant lorsqu'il se voit condamné à être exécuté ou à la détention. Le méchant a raison d'être malheureux dans la mesure où il paye le prix du mal qu'il a commis. En revanche, la victime n'a pas à être malheureuse puisqu'elle n'est pas la cause de ce qui lui est arrivé. Le fait de voir l'événement avec objectivité doit alors lui permettre de ne pas sombrer dans la tristesse et d'affirmer la réalité avec plus de lucidité, d'autant plus facilement qu'elle aura anticipé sans peur ce qui est arrivé. De la même façon que tu sais, lectrice, lecteur, qu'il peut se produire de nombreuses choses dans la vie comme avoir un accident, tomber malade ou devenir victime d'une personne qui te veut du mal. Tu comprends, désormais, que tu dois anticiper ce genre d'événements pour pouvoir l'accueillir avec sérénité, s'il arrive. Tu n'as pas fait le mal et tu n'as donc pas à être *mal-heureux(se)*, d'autant moins lorsque tu sais que la tristesse ne ressuscitera pas un mort ni n'annulera un viol ni ne restituera un bien matériel perdu ou volé.

Il va de soi que le Malheur est très *culturel* et qu'il est vu avec d'autant plus de tristesse que l'événement a lieu dans une société qui prétend vouloir empêcher presque tout ce qui nous fait souffrir. Il est vrai que nous avons inventé l'anesthésie qui permet à une personne en proie à la douleur de ne plus souffrir. La *souffrance* est une douleur physique à laquelle nous pouvons résister soit psychologiquement, soit chimiquement. En revanche, la *douleur morale* ne devrait pas être une souffrance dans la mesure où elle ne provient pas du corps, mais de l'âme : elle est l'effet de notre imagination qui considère qu'un événement aurait dû ne pas arriver.

Or, faut-il rappeler que de nombreuses personnes qui souffrent physiquement réussissent leur vie ? Aussi, pour mieux comprendre ce travail de l'âme, commençons par prendre l'exemple de personnes qui vécurent la méchanceté et qui n'en furent pourtant point malheureuses. Voyons d'abord le cas d'Épictète dont tu sais sans doute qu'il était un philosophe de l'Antiquité qui est encore très lu et très connu de nos jours, mais dont tu ignores peut-être qu'il était esclave. « Épictète, battu par son maître, Musonius Rufus, auquel il dit : *Prenez garde, vous allez me briser les os.* Le maître continue et lui casse une jambe. *Ne vous l'avais-je pas bien dit ?* répondit l'Esclave[1]. » Tu te doutes alors, lectrice, lecteur, qu'Épictète a *physiquement mal* au niveau de sa jambe, mais qu'il ne souffre pas moralement : il domine son maître. Si Épictète est *socialement* un esclave, son maître se montre *psychologiquement soumis* ! Il y a donc deux types d'esclaves : l'un subit son maître tout en dominant son âme tandis que l'autre croit dominer l'esclave alors qu'il est soumis à une idéologie. Si Épictète laisse son corps se faire maltraiter, il ne vend pourtant pas son âme, à savoir sa liberté. À l'inverse, le maître Musonius Rufus croit dominer son esclave en le torturant alors qu'il agit par passion, prouvant son absence de liberté. Épictète illustre la sagesse qu'il enseigne[2] par une

1. Cesare Cantù, *Histoire universelle*, t. II, 1853, Firmin Didot, p. 127.
2. Épictète n'a pas écrit une ligne, mais laisse deux livres rédigés par un de ses élèves.

force de caractère qui est une invitation à chercher en soi une solution au lieu de croire que celle-ci se trouve toujours à l'extérieur. Ta liberté, vois-tu, est en toi.

Un autre exemple de refus du Malheur est illustré par Bill le Sauvage, en Pologne, durant la Seconde Guerre mondiale. À la différence d'Épictète, le corps de Bill n'est pas battu, mais son esprit est bouleversé par l'assassinat, sous ses yeux, de sa femme et de ses enfants. « Nous habitions le quartier juif de Varsovie [...] avec ma femme, nos deux filles et nos trois petits garçons. Quand les Allemands sont arrivés dans notre rue, ils ont fait aligner tout le monde devant un grand mur et ont ouvert le feu à la mitrailleuse. J'ai supplié qu'il me soit permis de mourir avec ma famille, mais comme je parlais allemand, je fus affecté à un groupe de travail. [...] Il fallait que je me décide tout de suite [...], devais-je haïr les Allemands qui avaient fait cela ? C'était une solution facile. J'étais avocat et j'avais souvent vu dans mon métier ce que la haine pouvait produire dans l'esprit et le cœur des hommes. La haine venait juste à l'instant de tuer les six personnes qui comptaient le plus pour moi. J'ai alors décidé pour le restant de ma vie – qu'elle dure des jours ou des années – d'aimer toute personne que je viendrais à rencontrer[1]. »

Admets que cette réaction de Bill le Sauvage est à l'opposé de la passivité ; il devient *actif* dans un contexte où 99,99 % des personnes subiraient ce genre d'événement et sombreraient dans la colère et/ou la tristesse. Bill résiste, réagit et fait ce choix difficile, mais incontestable : il parie que la vie vaut encore la peine d'être vécue, mais il ne vivra pas dans la perspective d'en jouir. Il n'y a ni narcissisme ni égoïsme chez Bill le Sauvage. Par contre, il y a une soif altruiste d'aimer et d'aider autrui. D'ailleurs, Bernie est sorti du camp de concentration sans être malade alors qu'il avait perdu sa famille avant de s'y retrouver et que, sur place, il avait aidé un grand nombre d'autres détenus.

1. Exemple cité par le Dr Bernie S. Siegel dans *L'Amour, la Médecine et les Miracles*, Robert Laffont, 1989.

Après ces deux cas d'êtres humains qui n'acceptent pas d'être victimes, il y a celui de malades qui ne considèrent pas leur maladie comme une agression. Ceux-ci ne sont nullement « maltraités » par d'autres personnes puisque la cause de leur « mal » est *une maladie* qui provient d'un virus, d'une bactérie ou d'une hérédité, entre autres. Bien sûr, le modèle social de *la victime* s'étend au malade quand il obtient une reconnaissance juridique en recevant officiellement le « statut de victime » dès qu'il peut prouver que la maladie est le résultat d'un mauvais médecin, d'un mauvais médicament ou d'un mauvais traitement dans un sens plus large, tel le harcèlement moral par exemple. La Justice ne le guérira pas, mais il sera indemnisé financièrement et ajoutera à son statut de malade celui de *victime*. La boucle est alors bouclée et ne conduit pour autant pas au Bonheur. Mais, au-delà de ces cas, honnêtes ou non, qui bénéficient d'une compensation pécuniaire opérée par la Justice, la plupart des malades atteints d'une pathologie grave se disent « malheureux » en expliquant souvent que ce qu'ils subissent *aurait dû* ne pas se produire. Ils raisonnent donc comme les personnes qui sont victimes d'un méchant, à cette différence près que leur mal ne provient pas d'une intention, mais découle de la nature. Ces malades n'ont aucun recours juridique puisque la Justice ne peut pas les soulager de ce que la nature leur inflige.

Pourtant, parmi les personnes atteintes d'une grave maladie, certaines ne sont pas malheureuses. Il ne s'agit pas de prétendre que ces personnes ne souffrent pas, mais elles ont une telle force mentale, intellectuelle ou spirituelle que les effets de la maladie sur leur corps sont considérablement diminués, permettant au grand malade de faire de grandes et belles choses. Trois exemples illustrent ce type de force. C'est ainsi le cas de Thérèse, dite sainte Thérèse, dont l'état de santé s'est révélé, à plusieurs reprises, souffreteux. Née en 1873 à Alençon, issue d'une famille de neuf enfants dont quatre décédèrent en bas âge, elle-même frôle la mort à l'âge de deux mois. Elle perd sa mère alors qu'elle a quatre ans et demi. Elle, qui était si joyeuse avant ce décès, devient très triste. À l'âge de neuf ans, elle tombe malade, souffre de nombreux malaises et de douloureux maux de tête, sans que la cause ou le nom de sa pathologie soient connus. Le 13 mai 1883, alors que son état s'est encore aggravé et qu'elle est alitée, ses deux sœurs, très pieuses, décident de prier au pied de son lit. Thérèse se met également à prier au milieu de sa souffrance. Elle se voit définitivement guérie dans les jours qui suivent. À partir de cette guérison, elle s'engage plus profondément dans la foi et redevient joyeuse. Dans son livre, elle écrit un poème qui s'intitule « Ma joie » :

« Il est des âmes sur terre
Qui cherchent en vain le bonheur
Mais pour moi, c'est tout le contraire
La joie se trouve dans mon cœur
Cette joie n'est pas éphémère
Je la possède sans retour
Comme une rose printanière
Elle me sourit chaque jour[1]. »

---

1. https://fr.aleteia.org/2017/09/30/les-souffrances-de-sainte-therese-de-lenfant-jesus/ Poème n°45

Ainsi, à partir du moment lié à sa foi religieuse renforcée et joyeuse, la maladie ne constitue plus un obstacle à son Bonheur, ce qu'elle raconte dans son journal : « [...] j'ai beaucoup souffert depuis que je suis sur Terre, mais si, dans mon enfance, j'ai beaucoup souffert avec tristesse, ce n'est plus ainsi que je souffre maintenant, c'est dans la joie et dans la paix, je suis véritablement heureuse de souffrir[1] ». Freud dirait que c'est de la *sublimation* et les athées, une *illusion*, mais elle fait preuve d'une force qui met la souffrance au second plan et n'en fait plus une réalité à laquelle il faudrait consacrer sa vie. Elle meurt dans la souffrance à l'âge de vingt-sept ans, mais on ne peut que reconnaître qu'elle dépassa ses douleurs par une force de l'esprit peu courante aujourd'hui dans nos sociétés du plaisir et du confort. Loin de communiquer sa souffrance, elle fait au contraire passer le message de sa force qui est amour de Dieu

1. *Id., ibid., op. cit.*

et de l'être humain. Son propos joyeux et non égoïste est tellement entendu qu'il déclenche des guérisons, même si celles-ci ne sont pas considérées par la science comme un effet dont la foi serait la cause.

Le deuxième exemple concerne un Colombien, Josua Cataño, âgé de treize ans à l'époque et qui vit en Suède. En 2019, Josua est atteint d'une maladie. La médecine ne pouvant rien pour lui, il cherche sa guérison dans la foi religieuse de sainte Thérèse. A priori, la chose est mal partie, il s'est gravement blessé le genou en jouant au foot et sa mère rapporte le constat fait par la médecine : « Le genou était disloqué. La radio était sans appel. Le médecin nous a dit qu'il allait y en avoir pour des mois et qu'il ne pourrait peut-être plus jamais pratiquer aucun sport[1]. » Devant ce verdict médical, sa mère ne baisse pas les bras. Elle vient d'entendre parler d'un micro-événement : le reliquaire de sainte Thérèse[2]

1. *Ouest-France* : https://www.ouest-france.fr/archives/2019/27-mai-2019/

2. D'un point de vue logistique, il existe trois reliquaires de sainte Thérèse : le premier, qui conserve l'essentiel des

arrive dans l'église catholique de Reykjavik et est exposé aux croyants. Refusant le diagnostic de la médecine, elle décide d'emmener son fils régulièrement dans ladite église : « Josua a beaucoup pleuré et imploré sainte Thérèse de Lisieux de l'aider car le football est sa vie et qu'il ne peut pas s'imaginer de vivre sans être capable de jouer au ballon. Il ne cessait de prier à la maison et à chaque messe en espagnol à la cathédrale jusqu'à ce qu'elle[1] quitte l'Islande[2]. » Miracle ! Quelques semaines plus tard, lors d'une visite de contrôle chez le médecin, celui-ci, embêté, constate que le genou est complètement guéri et fonctionne comme si rien ne s'y était passé ! La question n'est pas de prouver que sainte Thérèse l'a

---

restes de la sainte, demeure toujours au carmel. Offert par les diocèses du Brésil, ce reliquaire « du Centenaire » est en vermeil. Le deuxième reliquaire est en bois et pèse à peu près 250 kilos. Il a été conçu pour voyager par avion. Le dernier, appelé « reliquaire gothique », contient une vertèbre de la sainte. Trop grand et trop fragile pour prendre l'avion, il voyage uniquement en France à la demande des diocèses.

1. Sainte Thérèse réduite à ce reliquaire.

2. https://www.vaticannews.va/fr/eglise/news/2018-09/sainte-therese-de-lisieux-scandinavie.html

ou ne l'a pas guéri, mais de se dire que la vie est une volonté positive qui vaut mieux que la plainte et l'enfermement dans la posture de victime.

Avec Stephen Hawking[1], tu remarques, lectrice, lecteur, que la maladie n'empêche pas le désir de chercher la vérité. Alors qu'il est étudiant, Stephen apprend qu'il est atteint de la maladie de Charcot[2]. Âgé de vingt ans, il est plein de projets en amour comme en science. Selon la médecine, il lui reste quelques mois à vivre. Il vivra encore 56 ans, ce qui demeure un grand mystère pour les médecins. Bien sûr, cette maladie, en quelques années, le rend muet et incapable de se servir de son corps, à deux exceptions près : son œil gauche et son phallus ! Il aura trois enfants avec sa première femme, se remariera et deviendra un astrophysicien mondialement

1. Né en 1942 à Oxford, il meurt en 2018 à Cambridge.
2. Il s'agit de la sclérose latérale amyotrophique (S.L.A.), appelée « maladie de Lou-Gehrig » aux États-Unis, qui se caractérise par une pathologie neurodégénérative entraînant une perte progressive de la mobilité au point de rendre le corps totalement immobile.

célèbre, écrivant notamment le livre qui le fera connaître du grand public, *Une brève histoire du temps*[1]. Lorsque nous savons qu'il réalisa ses premiers travaux en 1974 alors qu'il ne pouvait plus se nourrir ni sortir de son lit par lui-même, nous comprenons que sa volonté de chercheur est inversement proportionnelle à sa chance de guérir. Comment cet homme, au lieu de déprimer, part-il à la conquête de la vérité concernant le big bang, l'expansion de l'Univers, les trous noirs, la théorie des supercordes, le rayonnement qui portera son nom et les théorèmes sur les singularités ? En réalité, ce goût de la recherche – cette *libido sciendi* – est moins difficile à comprendre que sa longévité venant peut-être d'une volonté du Bonheur plus forte que son corps malingre au visage marqué par un rictus.

1. *Une brève histoire du temps : Du big bang aux trous noirs*, Flammarion, 1989. *A Brief History of Time*, sorti en 1988 au Royaume-Uni. À défaut du prix Nobel qu'il aurait mérité sur les trous noirs qui s'évaporent, Stephen Hawking a été récompensé en 2012 par 3 millions de dollars comme lauréat du prix spécial de la Fundamental Physics Prize Foundation.

D'ailleurs, les personnes atteintes d'une grave maladie sont plus nombreuses à être heureuses que nous le pensons habituellement. Très connu par son livre *Le Scaphandre et le Papillon* qui rencontra le public et donna lieu à un film, Jean-Dominique Bauby[1] parvint à surmonter le terrible handicap de sa maladie et à être heureux. Journaliste dans le magazine *Elle,* il est invité le 21 novembre 1995 par Laure Adler à la télévision pour parler des cinquante ans de ce journal, en compagnie notamment de Carla Bruni et de Vanessa Paradis. Mais le vendredi 8 décembre, il subit un accident vasculaire cérébral et sa vie bascule. Il apprend qu'il est atteint du locked-in syndrome[2] qui, comme pour Stephen Hawking, l'enferme à l'intérieur de lui-même, mais beaucoup plus

1. Il naît à Paris en 1952 et meurt à Berck en 1997.
2. Le syndrome d'enfermement, ou locked-in syndrome, désigne une paralysie quasi complète de l'organisme, malgré une conscience et des facultés cognitives intactes. L'individu est comme enfermé dans son corps. Il ne peut pas manifester ses émotions, ni parler, ni bouger. Seuls les paupières et les yeux restent partiellement mobiles. Les sens sont intacts, et notamment le toucher et la sensation de douleur persistent.

rapidement que la maladie de Charcot. Pour une personne en bonne santé, une telle maladie est considérée comme un emprisonnement pire qu'une détention dans un établissement carcéral. Cette maladie se caractérise, certes dans un état d'éveil et de conscience, par une tétraplégie et une paralysie des nerfs crâniens inférieurs qui empêchent toute expression faciale, de bouger et de parler, à une exception près : restent possibles des mouvements oculaires avec un seul œil.

Comme le scientifique cosmologiste Stephen Hawking, il reste donc à Jean-Dominique Bauby son œil pour communiquer. Qui se ressemble s'assemble. Et il est vrai que ces deux grands malades tutoieront la reconnaissance sociale qui se révélera impressionnante. Or, à la différence de Stephen Hawking qui écrit son livre par une technique lui permettant de se servir d'un ordinateur, Jean-Dominique Baudry dicte le sien à son ancienne secrétaire[1] qui

1. Et c'est son premier mari qui a conçu l'ordinateur que Stephen Hawking a utilisé pour écrire.

deviendra, au passage, sa nouvelle épouse. Le code est alors le suivant : il cligne de l'œil deux fois pour dire « non » et une fois pour dire « oui ». Seul problème : ce procédé est d'une vélocité digne d'une tortue. Avec son œil gauche – le seul disponible – il dicte donc son texte lettre par lettre ! L-E-S-C-A-P-H-A-N-D-R-E-E-T-L-E-P-A-P-I-L-L-ON. « On m'égrène l'alphabet [...] jusqu'à ce que d'un clin d'œil j'arrête mon interlocuteur sur la lettre qu'il doit prendre en note[1]. » Tu imagines, lectrice, lecteur, que ce n'est ni une écriture cursive[2] ni de la sténo[3] que doit mettre en œuvre son ancienne secrétaire ! C'est plutôt l'inverse : elle accède d'abord aux lettres, puis aux mots et enfin aux phrases. Il y a donc un

1. Jean-Dominique Baudy, *Le Scaphandre et le Papillon*, Robert Laffont, 1997, p. 26.
2. Écriture rapide qui consiste à écrire les mots par un système d'abréviation.
3. La sténodactylographie est une ancienne technique d'avant l'ordinateur qui permettait une prise de notes rapide des éléments d'une dictée, d'un discours ou d'une réunion sur un bloc avec un stylo, en vue de retranscrire ensuite le texte en clair à la machine à écrire. Cette technique est appelée « l'art d'écrire aussi vite que la parole ».

« sus-pense » dans une telle dictée qu'aucun élève n'a connu. Si les secrétaires devaient autrefois briller par leur rapidité à prendre des notes pour ensuite rendre un texte, le talent de cette femme relève de sa patiente lenteur.

Ainsi, comme dans la célèbre fable de La Fontaine où la tortue bat le lièvre[1], Jean-Dominique achève et publie son livre qui atteint un vrai succès auprès des lecteurs dont l'écrasante majorité est en bonne santé. Or, contrairement à ce que nous pouvions penser avant d'avoir lu son livre, cet homme a été heureux. Une analyse a d'ailleurs montré que « [...] les trois quarts des individus atteints du syndrome d'enfermement estiment avoir une bonne qualité de vie et être heureux[2] ». Ce que Jean-Dominique écrit dans son livre n'est donc pas du tout un hasard :

1. « Il partit comme un trait ; mais les élans qu'il fit
Furent vains : la Tortue arriva la première.
"Eh bien, lui cria-t-elle, avais-je pas raison ?
De quoi vous sert votre vitesse ? »

2. Yves Miserey, « Une majorité de grands handicapés se disent heureux », *Le Figaro Santé* du 28/02/2011.

« Faut-il nécessairement la lumière d'un malheur pour éclairer un homme sous un vrai jour ? » Il en dit long sur le fait que nous ne sommes pas prêts à accueillir un événement que nous n'aurions pas choisi mais qui peut provoquer toutefois, chez certains malades, une réaction les conduisant au Bonheur, comme si, devant cet événement inattendu et radical, l'être humain allait puiser au fond de lui-même une énergie vitale, une volonté de puissance, bref, le sens de la vie.

Désormais, j'espère que tu reconnais le lien qu'il y a entre la personne subissant la passion d'un méchant et celle se retrouvant frappée d'une grave maladie. Face à la crise du moment, deux solutions s'offrent à elles. Soit elles se rangent du côté du mal et se considèrent, l'une comme victime, l'autre comme *mal*-ade[1] – le terme encourage les malades à se décourager de la vie ! –, soit elles dépassent l'événement pour faire de

1. Étymologiquement, la maladie est vue comme une méchanceté. De l'ancien français *malabde* venant du latin vulgaire *male habitus* signifiant « qui se trouve en mauvais état » ; en latin classique, *aeger*.

leur existence une énergie les conduisant au Bonheur. Même si tu résistes, lectrice, lecteur, à cette conception de la vie, souviens-toi qu'Épictète, Bill le Sauvage, Thérèse de Lisieux, Stephen Hawking et Jean-Dominique Bauby firent le choix du Bonheur envers et, surtout, contre tout.

Il faut donc s'étonner de cette vision du Malheur qui caractérise nos sociétés occidentales postmodernes : elle accentue la passivité et n'invite pas à anticiper ce qui arrive. L'Occident a inventé la philosophie, mais n'a pas conduit les citoyens à la sagesse. Il faut dire que les Occidentaux sont passés de *la peur* face à un danger réel à *l'angoisse* face à un danger improbable. Dès lors, pour essayer de ramener les citoyens à la réalité, il convient de distinguer le *méchant* et le *Malheur*. Le premier pratique le mal et finit, la plupart du temps, beaucoup plus mal qu'il a commencé. Le second, en revanche, *n'est pas une réalité* : il est une interprétation de ce qui nous arrive et dont nous attribuons la responsabilité à un méchant ou à la nature. Il serait alors plus juste, plus fort et plus intelligent de considérer que le méchant est un faible et que nous sommes donc infiniment au-delà de ce qu'il nous a infligé. Si nous devenons malheureux suite à ce qui nous est arrivé, nous nous plaçons plus bas que le méchant, comme s'il était la cause d'un phénomène dont nous serions l'effet. Or, faut-il rappeler que le méchant est quelqu'un de passif, prisonnier de ses passions et dans l'incapacité de les maîtriser ? Si nous reconnaissons sa faiblesse morale, psychologique et intellectuelle, il ne faut donc pas lui faire croire qu'il est actif, ce qui pourtant arrive lorsque nous devenons tristes et que nous sombrons, nous aussi, dans la passivité. En revanche, si le méchant réalise que nous sommes *au-dessus* de ce qu'il a fait, il ne comprendra bien sûr pas notre force, mais il finira par constater sa faiblesse face à notre indifférence. Cela ne signifie pas que nous ne recourons pas à la Justice afin qu'il soit puni et ne répète pas son comportement méchant sur d'autres personnes. Mais nous ne profitons pas de la Justice pour nous plaindre et lui montrer qu'il nous a affaiblis. Si chaque personne maltraitée par un méchant ne glisse pas dans le Malheur et dépasse cet événement, il en découle que les seules personnes malheureuses sont les méchants. C.Q.F.D. Il va de soi qu'un tel retournement de situation dans notre *civilisation actuelle de la victimité* n'est pas facile. Il faudrait donc la renverser pour qu'elle redevienne une *civilisation de la responsabilité*.

Tu devines alors que, quoi qu'il t'arrive, *tu peux ne pas être malheureux*. Cela dépend juste de ta force à ne pas faire du méchant ou de la maladie une réalité active – ce qu'ils ne sont pas – et de toi un être passif, ce que tu peux et dois ne pas être. Au fond, le Malheur n'est pas un fait physique, il est une faiblesse psychologique qui vient de l'incapacité d'une personne à anticiper la réalité tout en considérant comme injuste ce qui lui arrive. Le *mal physique* est une chose : c'est une douleur qui touche le corps ; en revanche, le mal moral est la *surinterprétation psychique de ce qui arrive* et que nous n'accueillons ni n'acceptons faute de l'avoir prévu. Malheureusement, aujourd'hui, chaque être humain occidental doit se plaindre et se positionner dans la victimité au lieu de chercher la sagesse. Il ne trouvera rien, sinon, peut-être, la reconnaissance par la société de son *statut de victime* avec un dédommagement pécuniaire, ce qui n'a jamais rendu quelqu'un heureux. Lorsque tu sais que le mot « passion », dans son sens philosophique, vient du grec *pathos* qui signifie « la souffrance », tu comprends que nous sommes dans une *civilisation pathétique* car *passive*.

Cependant, plutôt qu'une Justice toute-puissante[1] qui ne fonctionne pas, peut-être serait-il plus pertinent de développer en chacun un brin de sagesse plus efficace contre le Malheur. Voyons alors si le passage du Malheur à l'Heur nous rend sages et nous assure d'être heureux. Ce qui nous rend

1. Il n'est d'ailleurs pas étonnant que l'écrivain Philip K. Dick et le réalisateur Steven Spielberg qui a adapté sa nouvelle au cinéma, *Minority Report*, soient américains, c'est-à-dire d'un pays où la police est très présente.

pénibles la mort et la douleur vient du fait que nous les prenons en aversion et que nous désirons leurs contraires ! Craignant la mort et la douleur, nous en venons aussitôt à craindre les hommes qui infligent de la douleur et de la mort. Dès lors, nous sommes esclaves : *nous attendons notre maître qui arrivera puisque nous avons construit un pont entre les choses extérieures et nous*. Si nous ne désirons et n'avons en aversion que ce qui dépend de nous, nous plaçons la liberté au-dessus des maux sensibles.

II – L'Heur

Une fois admis que le « mal-Heur » est le fait du méchant, lequel doit être le seul à en subir psychologiquement les effets, il convient de s'élever en admettant que la vie n'est pas seulement faite de mauvais événements. Loin s'en faut ! Il y a aussi de bons moments qui arrivent et te font voir la vie quotidienne, lectrice, lecteur, de manière très positive. Appelons « Heur » ce moment ou cet événement qui surgit dans ta vie et te rend joyeux ; et ne confond pas ce mot avec « heure ». « Heur » est un terme masculin qui veut dire « chance[1] » tandis que « heure »

1. Il est vrai que « Heur » veut dire aussi « Bonheur », mais nous ne gardons pas ce sens, notamment parce qu'il est obsolète. Aujourd'hui, « heur » n'a plus de sens que dans

est féminin et désigne une « unité de temps fondée sur 60 minutes ». Avec l'Heur, notre vie peut donc basculer dans une réalité très différente du Malheur. Il reste à savoir si cette positivité de la chance participe à notre Bonheur.

Pour bien comprendre ce qu'est l'Heur, partons d'un événement qui peut nous arriver et changer notre vie. Il s'agit bien sûr d'une aventure positive qui nous *élève* et non plus de celle, négative – l'agression du méchant –, qui risquait de nous faire *descendre*. Tu t'en doutes, il s'agit de l'Amour avec une majuscule ! Souviens-toi alors du *coup de foudre* qui t'a lancé(e) dans une nouvelle vie. En effet, l'Amour est un bel événement et, quand il arrive, il marque ton existence. Il est d'autant plus fort s'il est partagé par les deux personnes concernées, car l'Amour à sens unique rend rarement heureux. Prenons alors pour exemples une

---

l'expression « avoir l'heur de » : « Je n'ai pas eu l'heur de gagner au jeu » signifie « je n'ai pas eu la chance de gagner au jeu ».

pièce de théâtre et deux romans qui décrivent des amours forts entre deux personnes : *Roméo et Juliette*, *L'Écume des jours* et *Belle du Seigneur*.

Roméo Montaigu vit à Vérone où il est fou amoureux de Rosaline. Malheureusement, cette jeune femme le repousse, faisant de l'amour de Roméo une émotion à sens unique. Pour l'aider à sortir de sa mélancolie, deux de ses amis décident alors de l'inviter à la fête de Juliette en espérant qu'il se détachera de Rosaline. Seul problème : Juliette appartient à la famille Capulet qui est en conflit depuis des siècles avec la famille Montaigu. Il est donc prévu que Roméo, très motivé lorsqu'il apprend que Rosaline y sera, s'y rende incognito. Cette réception est organisée par les parents de Juliette – âgée de quatorze ans – où se trouve Pâris qui leur annonce son désir de l'épouser. Mais cette fête déplace les désirs initiaux : Roméo, oubliant Rosaline, tombe immédiatement *fou amoureux* de Juliette. De son côté, Juliette a également un *coup de foudre* pour Roméo.

Les deux amoureux s'avouent leur amour le soir même de leur rencontre. Le lendemain, Roméo fait part de cet amour réciproque au franciscain frère Laurent et l'informe qu'il veut épouser Juliette. Comprenant la situation compliquée de cet amour entre deux personnes appartenant à deux familles ennemies, le religieux accepte de les marier avec l'idée de mettre fin à ce sempiternel conflit entre les Montaigu et les Capulet.

Ayant épousé Juliette en cachette, Roméo cherche donc à éviter les querelles régulières de leurs deux familles. Ainsi, lorsque Tybalt, cousin de Juliette, l'insulte, Roméo refuse le duel. Son ami Mercutio se désigne alors pour le remplacer et Roméo, en cherchant à empêcher le combat, provoque involontairement la blessure de son ami qui en meurt aussitôt. De colère, Roméo reprend sa place dans le duel et tue Tybalt, ce qui n'est pas un bon départ pour amener la paix entre les deux familles ! Le prince de Vérone, averti du meurtre d'un Capulet par un Montaigu, décide alors d'exiler Roméo. Les deux jeunes mariés passent leur première nuit d'amour sans savoir qu'elle sera aussi la dernière. Le lendemain, Roméo quitte Vérone pour Mantoue pendant que Juliette apprend que ses parents – qui ignorent son mariage secret – veulent désormais la marier avec le comte Pâris. Elle refuse et se rend à son tour chez le frère Laurent pour lui demander de sauver son amour, l'avertissant au passage qu'elle se suicidera s'il ne parvient pas à faire échouer le projet de mariage avec Pâris.

Le frère élabore alors un scénario sophistiqué. Il lui conseille d'annoncer à ses parents qu'elle accepte cette union et lui remet un élixir qui la fera paraître morte, avant le mariage, pendant deux jours. Il faudra bien sûr qu'elle prévienne Roméo de cette manœuvre pour qu'il la récupère secrètement après son enterrement dans un cercueil où elle continuera de respirer. Le plan plaît à Juliette. Après avoir remis au franciscain la lettre destinée à Roméo censée l'informer du stratagème, elle s'exécute. Mais un nouveau problème se glisse dans ce programme : la peste a envahi la région et empêche le frère de faire parvenir cette missive à Roméo ! Celui-ci apprend donc la mort de Juliette sans savoir qu'elle est simulée. Il retourne alors à Vérone pour mourir sur la tombe de sa femme. Mais arrivé au cimetière, il rencontre Pâris sans le reconnaître dans la crypte où Juliette est enterrée et l'implore de quitter le lieu. Pâris refuse et veut arrêter Roméo qui, en se défendant, le blesse mortellement. Agonisant, Pâris demande aussitôt d'être enterré avec celle qui devait devenir sa femme. Roméo, le reconnaissant alors et plein de loyauté, le place avec Juliette dans le tombeau avant de boire le poison qu'il s'était procuré afin de rejoindre à son tour son épouse dans la mort. Lorsque cette dernière se réveille et découvre le corps sans vie de Roméo, elle se saisit du poignard qu'il porte et se suicide.

L'histoire amoureuse de Roméo et Juliette finit donc mal. Il faut alors admettre que *l'Heur* ne garantit pas une protection du *Malheur*. Le moment intense de l'amour amène ainsi le couple, porté au départ par une bonne intention – celle de réconcilier leurs familles –, à créer un désordre et à quitter la vie. Le seul mérite de cet amour excessif aura été de mettre fin à la querelle des deux familles qui décideront, suite à la mort de leurs enfants, de se réconcilier et d'édifier une statue en or à leur mémoire.

Il y a autant d'excitation dans *le sentiment amoureux* qui les conduit à se marier en secret que dans *la volonté de bien faire* (réconcilier leurs familles), *le fait de tuer le rival* (Pâris) et *les deux suicides successifs*[1] *des amoureux*. Il faut dire que lorsque nous commençons à creuser l'amour, nous découvrons qu'il n'est jamais si clair et pur que nous le croyions. Si nous creusons l'histoire tragique de Roméo, nous nous souvenons qu'il était d'abord amoureux de Rosaline qui ne l'aimait pas, ce qui a eu pour conséquence de le plonger dans une profonde mélancolie.

1. Étymologiquement, « se suicider » signifie « se tuer deux fois ». Le suicide des deux amoureux est donc quadruple.

Roméo est donc un être humain très pulsionnel, très inconscient de ses pulsions et donc peu maître de lui-même. Lorsqu'il expose au frère Laurent son amour pour Juliette, Roméo se révèle plus impulsif et immédiat que réfléchi et prévoyant : « Mais viennent tous chagrins possibles, ils ne sauraient contrebalancer le bonheur que me donne la plus courte minute passée en sa présence[1]. » Sa conception du Bonheur est peu réfléchie et très instantanée. Le frère Laurent perçoit son aspect excessif et tente, sinon de le freiner, du moins de l'éclairer : « Ces joies violentes ont des fins violentes, et meurent dans leur triomphe : flamme et poudre, elles se consument en un baiser. [...] Aime donc modérément : modéré est l'amour durable [...][2] » Il n'est d'ailleurs pas difficile d'admettre qu'un coup de foudre s'éteint et, parfois, éteint des vies. Excès initial, l'amour se dirige, sans le savoir, vers un excès

1. Shakespeare, *Roméo et Juliette* (vers 1595), Le Livre de poche, 1983, acte II, scène. 6, p. 61.
2. *Id., ibid., op., cit.*

final, la mort. Or, tu admets, lectrice, lecteur, que ce qui est excessif est insignifiant. Par conséquent, rendu malheureux par le rejet que Rosaline faisait de son amour, souviens-toi de ce que Roméo disait au début à son ami Mercutio : « L'amour, un délicat enfant ! Il est brutal, rude, violent ! Il écorche comme l'épine[1]. » Si Roméo avait perçu la répétition de sa passion amoureuse, il aurait alors aimé Juliette d'une autre manière, moins pulsionnelle et plus réfléchie. En réalité, il s'est contenté de transférer son amour pour Rosaline sur Juliette.

Un autre exemple de l'Heur se trouve dans *L'Écume des jours*[2] où Boris Vian conte un amour qui finit à peine mieux que dans la tragédie de Shakespeare. En effet, ce livre débute sur l'amitié de trois hommes[3] et la naissance de deux couples : Chick et Alise d'un côté, Colin et Chloé de l'autre.

1. *Id., ibid., op. cit.* acte I, scène. 4, p. 24.
2. Écrit par Boris Vian (1920-1959) en 1946 alors que lui-même avait une santé fragile, et un rapport instable avec les femmes.
3. Chick, Colin et Nicolas qui est le serviteur de Colin.

Bizarrement, Chick est pauvre, mais il tombe amoureux d'Alise, ce qui rend Colin très jaloux, d'autant plus que ce dernier est riche. Colin essaie même de séduire Alise pour la « voler » à Chick, comme si l'argent devait confirmer en amour la supériorité du riche sur le pauvre. Mais Alise préfère le pauvre Chick et le nouveau couple décide alors d'aider Colin à rencontrer une autre femme. Il s'agit de Chloé pour laquelle Colin éprouve immédiatement un vrai *coup de foudre*. À partir de ce moment, tout va très vite : les deux jeunes s'aiment, se fiancent et se marient rapidement. Colin dit ainsi : « Je vais épouser Chloé dans un mois [...] Et je voudrais que ce soit demain[1]. » Quand l'amour est fort, il cherche à nier le temps au profit de l'instant tout en espérant convertir celui-ci en éternité.

Malheureusement, Chloé manifeste des premiers signes de faiblesse en toussant le jour de leur mariage : « Ils sortirent tous de

1. Boris Vian, *L'Écume des jours*, Le Livre de poche, 2020, p. 96.

l'église en jetant un dernier regard aux fleurs de l'autel et sentirent l'air froid les frapper au visage en arrivant sur le perron. Chloé se mit à tousser et descendit les marches très vite pour entrer dans la voiture chaude[1]. » Ni Colin ni le lecteur ne savent alors que cette toux est le premier signe de la maladie de Chloé. Dans le roman, ce qui fait souffrir Chloé est un *nénuphar* qui envahit d'abord son poumon droit et qui désigne, de manière poétique, la tuberculose[2] ou un cancer. Chloé tousse, laissant penser que son poumon est sérieusement atteint. Visiblement, sa santé est fragile – elle ne peut plus se tenir debout[3] – et l'amour de Colin s'avère croissant, tant il consacre d'argent à l'achat de fleurs censées la soigner : « Chloé était allongée sur son lit [...] Sa poitrine

1. *Id., ibid., op. cit.*, p. 126.
2. Boris Vian meurt d'une supposée fibrillation ventriculaire en pleine projection de la première du film adapté de son roman publié sous pseudonyme *J'irai cracher sur vos tombes*, lors du générique d'ouverture (il n'aura donc jamais vu le film) à l'âge de trente-neuf ans.
3. « Elle essaya de se tenir toute seule et chancela. Colin la rattrapa et elle l'entraîna dans sa chute sur le lit », *id., ibid., op. cit.*, p. 200.

était découverte et une grosse corolle bleue tranchait sur l'ambre de son sein droit[1]. »

Colin dépense sa fortune pour acheter ces fleurs, ce qui finit par le ruiner. Après avoir bradé son « pianocktail[2] », il se voit obligé de travailler en pratiquant des activités très différentes. Il faut dire qu'en tant qu'homme riche, il n'a jamais travaillé. Il se lance alors successivement dans trois métiers : sa première activité consiste à s'étendre nu sur des fusils qui poussent dans la terre ; la deuxième vise à surveiller la cave où se trouve une réserve d'or ; la dernière, à annoncer un jour à l'avance la mort d'une personne. Hélas, malgré tous les efforts de l'amoureux Colin, le deuxième poumon de Chloé est également atteint par ce mal mystérieux que les médecins ne parviennent pas à guérir. Colin abandonne son dernier

---

1. *Id., ibid., op. cit.*, p. 217.
2. Mot-valise inventé par Boris Vian, synthétisant « piano » et « cocktail », et désignant un piano qui permet, lors de chaque mélodie de jazz jouée, de produire un cocktail dont la saveur rappellera les sensations ressenties lors de l'écoute du morceau.

emploi lorsqu'il comprend le Malheur qui vient : « [...] Colin devait maintenant monter chez des gens tous les jours, on lui remettait une liste, il annonçait les malheurs un jour avant qu'ils n'arrivent. [...] sans cesse, il annonçait les malheurs à venir ; sans cesse on le chassait, avec des coups, des cris, des larmes, des injures. [...] La porte s'ouvrit, il prévint et partit, un lourd morceau de bois l'atteignit dans le dos, il chercha sur la liste le nom suivant, et vit que c'était le sien. Alors, il jeta sa casquette et il marcha dans la rue et son cœur se fit de plomb, car le lendemain, Chloé serait morte[1]. »

L'Heur de Chloé et Colin se dégrade très vite, même si l'amour du mari pour son épouse ne cesse de se renforcer au fur et à

1. *Id., ibid., op.cit.*, p. 319-320. À noter que si *Minority Report*, film de Steven Spielberg, met en scène des policiers qui anticipent un crime pour arrêter la personne qui va le commettre, Boris Vian, 60 ans plus tôt, envisage un spécialiste qui informe de la mort des personnes 24 heures avant. De là à dire que le nouvelliste de *The Minority Report*, Philip K. Dick, se serait inspiré de Boris Vian, il y a une piste qui mériterait d'être vérifiée. *L'Écume des jours* est publié en 1947 (écrit en 1946) tandis que *The Minority Report* paraît comme nouvelle en 1956, soit 9 ans plus tard.

mesure de l'aggravation de la maladie du nénuphar. Mais la croissance de son amour fait décroître son Heur puisqu'il s'attriste de cette maladie et de l'état dans lequel se trouve Chloé. Force est de constater, lectrice, lecteur, que l'Heur fut très intense et très provisoire, précédé par la jalousie que Colin ressentait à l'égard de Chick et suivi par la tristesse due au progrès de la maladie de Chloé. Une chose est sûre : le coup de foudre ne peut rendre heureux s'il est suivi par la maladie et la mort de Chloé[1]. Tu comprends alors que l'Heur ne donne pas lieu au Bonheur.

Dans *Belle du Seigneur*, Albert Cohen raconte une histoire d'amour si forte qu'elle est désormais célèbre et que ce livre fait partie des classiques de la littérature française[2]. À première vue, et si tu ne l'as

1. Sans oublier la mort de l'autre couple, Chick étant tué par la police alors qu'il veut protéger ses livres de Jean-Sol Partre tandis qu'Alise meurt dans l'incendie. Il s'agit donc d'un roman pessimiste.
2. Aux éditions Gallimard, c'est le livre qui se vend le mieux chaque année dans la collection « Bibliothèque de la Pléiade ».

pas encore lu, tu peux déjà te dire que ce roman t'éclairera sur l'amour. Sans te priver de cette découverte littéraire qui te permettra d'apprécier le style de l'auteur, il importe de retracer le déroulement de son histoire. Il s'agit d'un amour fou entre deux personnes, Solal, juif et riche, qui occupe une haute fonction à Genève au sein de la Société des Nations[1], et Ariane d'Auble, aristocrate protestante qui a hérité d'une fortune après la mort de sa tante. Solal est un séducteur célibataire tandis qu'Ariane est mariée. Qu'à cela ne tienne ! Solal est aussi déterminé que Dom Juan. À Genève, il s'introduit chez Ariane, d'abord déguisé en vieillard, puis y revient dans la force de sa beauté pour lui déclarer son amour. Aussi séducteur que séduisant, il se fait pourtant aider d'un ami – comme Roméo vis-à-vis de Juliette ou Colin vis-à-vis de Chloé – et Ariane finit par « craquer » – comme Juliette qui avait déjà un fiancé avant sa rencontre

1. La S.D.N était une organisation internationale qui avait été créée en 1920.

avec Roméo. Le fait que le mari d'Ariane, Adrien, travaille à la S.D.N permet à Solal de l'éloigner pendant trois mois et de débuter une histoire d'amour qui a tous les aspects du *coup de foudre*, une passion réciproque nourrissant la vie quotidienne, hormones incluses[1]. « Merveille, tout en parlant, de se regarder avec lui dans la glace, de savoir que c'était pour de bon, qu'elle l'avait, qu'il était à elle[2]. » Quand le légitime Adrien revient de sa mission à l'étranger, heureux de retrouver son épouse, le couple amoureux s'enfuit, laissant le mari seul et triste.

Au bout de quelques mois, le *coup de foudre* devient un *coup de poudre*, les hormones retombant et l'histoire tournant au vinaigre. Solal commence à s'ennuyer. Ils quittent l'hôtel pour louer une maison qui répond au joli nom de « Belle de Mai ». La bonne d'enfance d'Ariane les

1. Adrénaline, ocytocine, dopamine, vasopressine et protéine N.G.F sont des substances éphémères produites par l'organisme qui nourrissent le sentiment.
2. Albert Cohen, *Belle du Seigneur*, club Le Grand Livre du Mois, 2000, p. 369.

y rejoint et perçoit déjà le côté bancal de cette relation où l'amour n'est plus au rendez-vous. Solal n'éprouve plus la passion du début – « cette pauvre farce de leur amour, de leur pauvre amour dans la solitude » – mais est prêt à jouer la comédie pour Ariane. Ils quittent ensuite « Belle de Mai » pour se rendre à Marseille, comme si changer de lieu allait raviver leur amour. Ariane sent ce déclin car elle se montre exigeante, ce que Solal décrit en parlant de lui-même à la troisième personne : « Il fallait aller à l'amour. Sa créancière [Ariane] le convoquait, le sommait de lui donner du bonheur[1]. » Dès lors, il apparaît à nouveau que l'Heur n'est pas le Bonheur et qu'après l'ascension de l'amour au sommet, cette phase amorce une descente moins agréable qu'au ski[2]. Au fond, la relation amoureuse du coup de foudre s'achève de la même manière que se termine un coït : les deux

1. *Id., ibid.*, Folio, 2007, p. 800.
2. Car au ski – pas celui de randonnée bien sûr, mais le ski alpin – la descente donne plus de plaisir que la montée, chute mise à part.

partenaires sont libérés de leur tension et s'endorment ou passent à autre chose. Sauf que, dans cet amour, Solal croyait avoir été le premier homme qu'Ariane aimait et avait aimé. Or, elle avait déjà trompé son mari Adrien avec un homme âgé dont elle était amoureuse. Pour des raisons mystérieuses qui révèlent les limites de son intelligence, Solal devient furieux. Alors même que sa passion amoureuse s'est éteinte, il se montre jaloux et reproche à Ariane de n'avoir pas dit la vérité, comme si lui-même était un modèle de sincérité alors qu'il avait caché pendant de longs mois qu'il s'était fait exclure de la S.D.N et qu'il avait perdu la nationalité française ! Mais l'amour peut être aveugle. Solal bat et humilie Ariane, ce qui n'empêche pas celle-ci de continuer de l'aimer, souffrant et s'ennuyant par ailleurs. Solal glisse alors d'un *amour coup de foudre* à un *amour sadique*, mais aussi *masochiste* puisqu'il se frappe lui-même sur fond de colère. La fin du couple, qui paraît mal parti, se profile donc.

Un jour, ils décident de quitter la France pour revenir à Genève et s'installent à l'hôtel Ritz, où ils mettent fin à leurs vies[1] en s'intoxiquant à l'éther le 9 septembre 1937, soit deux ans et demi après le début de leur relation. « Il lui fit signe de venir à son côté, s'empara du flacon qu'elle tenait, le déboucha, aspira longuement. Sans ôter son peignoir, elle s'étendit auprès de lui. Il éteignit, lui demanda si elle voulait l'éther[2]. » Ainsi s'achève le *coup de foudre*, le héros se disant qu'il avait été heureux, rappelant au lecteur qu'une émotion aussi ponctuelle n'est pas du Bonheur. Ce côté excessif de l'Heur montre que les deux amants meurent *simultanément* alors que Roméo et Juliette se tuent *successivement*, tandis que Colin *survit* malheureux au décès de Chloé. Ainsi, même si les *coups de*

1. Ariane avait déjà fait une tentative de suicide après la mort de son amante russe, Varvara, alors qu'elle était étudiante. C'est Adrien Deume qui l'avait sortie de cette morbidité pour finir par l'épouser sans qu'elle soit amoureuse de lui, mais par reconnaissance pour lui avoir sauvé la vie.
2. Albert Cohen, *Belle du Seigneur*, club Le Grand Livre du Mois, 2000, p. 847.

foudre ont des variations, les couples qui en découlent finissent souvent mal : soit le couple est vite usé (cas le plus courant) et peut tenter de se renouveler en faisant des enfants s'il ne se sépare pas, soit l'un tue l'autre, soit les deux se suppriment. Dans tous les cas, il est donc sage de comprendre que l'Heur est une pulsion aussi puissante qu'inconsciente qui ne nous conduit jamais au bon-Heur.

Tu pourrais alors te dire, lectrice, lecteur, que l'amour passionnel est irrationnel et qu'il est plus rationnel de gagner au jeu et de gérer son argent. Pourquoi pas ? Après tout, gérer sa vie avec de l'argent est plus matériel et concret que de chercher à maintenir un équilibre dans un couple qui a débuté par l'amour fou. En outre, l'argent est une réalité concrète et inerte qui ne risque pas de te déranger, surtout si tu en as gagné beaucoup ! Pourtant, dans les trois exemples qui suivent, tu constateras que l'Heur issu d'un *gain au loto* n'est pas plus stable que celui né d'un *coup de foudre*.

L'exemple de Laura qui gagne à l'EuroMillions au XXIe siècle illustre bien la pseudo-force de la chance au jeu. Avant de gagner, Laura n'est pas une perdante. Elle est une infirmière. Pourtant, elle décide un jour de se former en cuisine pour ouvrir un restaurant. Au fond, elle est passionnée par la cuisine depuis son enfance et, une fois sa formation terminée, elle ouvre, avec son nouvel amoureux, lui-même cuisinier, un restaurant revisitant chaque spécialité régionale. Le couple emprunte de l'argent auprès d'une banque, trouve un local qui lui convient et lance son restaurant qui se fait vite une belle réputation. Quand elle était infirmière, Laura avait l'habitude de jouer à l'EuroMillions deux fois par semaine. Après sa reconversion, elle continue de jouer sans jamais gagner une grosse somme. Mais un dimanche, en consultant les résultats de la loterie sur Internet, elle découvre qu'elle vient de remporter le gros lot ! 10 millions d'euros ! Elle considère cette bonne nouvelle comme une introduction d'accès au Bonheur.

La suite se révèle moins positive. Consciente que tout le monde risque de lui tomber dessus pour lui réclamer de l'argent, elle prie son conjoint d'être discret. Non seulement elle donne de l'argent à sa famille, mais en plus elle lui fait des cadeaux tout en payant également les voyages qui lui sont demandés. Bref, l'absence de règles semble être devenue la nouvelle règle ! Mais, loin de constater que ses proches sont heureux, elle trouve leurs réactions à sa générosité désopilantes, quoique révélatrices de la nature humaine. Souviens-toi que, selon Hobbes[1], « L'homme est un loup pour l'homme ». Laura en reçoit plusieurs preuves qu'elle explique ainsi : « Ma générosité est pour eux une évidence, et je ne compte plus les sous-entendus du style "Il doit t'en rester pas mal" ou "Toi, au moins, tu es à l'abri pour toute ta vie". J'achète à mes parents un appartement plus grand que celui qu'ils louent. Ils sont contents, mais sans plus. Mes

1. Philosophe anglais du XVIIe siècle.

trois meilleures amies sont aux anges pour moi, mais nos balades ne sont plus désormais que des virées "shopping à volonté" et elles parsèment les conversations de leurs besoins. Je les gâte sans compter, tout en sentant un malaise et une grande tristesse croître en moi[1]. » Le gain est donc mal parti, non parce qu'elle dispose d'un solide capital et qu'elle a moins de soucis concrets à se faire pour l'avenir, mais parce qu'elle découvre la nature humaine – à savoir la cupidité et l'égoïsme – au cœur de sa famille comme dans le cœur de son compagnon et de ses amies. Ainsi, la générosité par l'argent n'a pas d'odeur et ne sent pas l'amour. Son conjoint a perdu le sens de la limite : non seulement il veut redécorer leur restaurant, mais il souhaite également créer un restaurant gastronomique ! Au fond, Laura détecte dans les yeux des autres qu'elle est considérée comme une vulgaire intermédiaire pour réaliser leurs caprices.

1. https://www.marieclaire.fr/,quand-gagner-au-loto-se-transforme-en-cauchemar,720282.asp

Malgré elle, Laura est ainsi devenue une sorte de banquière free-lance qui leur prête de l'argent sans demander à être remboursée ! Elle commence à déprimer lorsqu'elle se rend compte que ce gain au jeu l'a certes enrichie matériellement mais appauvrie spirituellement. Et ce fait de s'être remplie matériellement lui dévoile la vacuité intellectuelle et affective : le gain de cet argent a eu pour écho une perte de l'amour sous toutes ses formes. Le *plein physique* s'accompagne d'un *vide métaphysique*.

Finalement, ce qui lui permet d'évoluer ne tient pas au gain, mais à la prise de conscience qu'une vie heureuse ne repose pas sur la seule matière. Lorsqu'elle découvre que son conjoint la trompe et se souvient qu'ils ne sont pas mariés, elle décide de mettre fin à ce couple qui avait pourtant bien démarré. Courageuse, mais déprimée, elle investit un petit appartement deux-pièces et se met à donner de l'argent à des organismes caritatifs, ayant compris qu'il fallait *donner pour donner* plutôt que *donner en espérant* un retour des bénéficiaires. Ah, le don ! Elle trouve dans ce geste un moyen de se détacher de sa richesse et de s'alléger moralement, ce qui veut dire *s'enrichir spirituellement*. Laura commence à comprendre l'affaiblissement qui ressortait de son rapport à l'argent, comme si le fait d'*avoir plus* entraînait un *moindre être*.

Il faut se rappeler que le don n'est ni un gain ni une perte. Il est un acte d'amour. Tu ne fais donc pas un don pour te faire plaisir ou gagner le paradis. Tu le fais par cette nécessité intérieure qui te pousse à « par-aître » de moins en moins pour « être » de plus en plus ; et tu *es* d'autant *plus* que tu ne cherches ni à avoir ni à être. Ainsi, paradoxalement, celui qui cherche à être disparaît. Pourquoi ? Pour une raison simple : il croit que son être repose sur l'apparence et que plus il paraîtra (riche, célèbre ou en bonne santé), plus il sera. En réalité, plus il cherchera à paraître aux yeux d'autrui, plus il disparaîtra de lui-même. Tu comprends alors, lectrice, lecteur, combien il est difficile de sortir de l'apparence pour entrer dans l'être. Cependant, une fois goûté le fait que la vraie vie ne repose pas sur la manière dont tu apparais aux autres, tu l'abordes avec une force qui ne doit rien à l'apparence. Il va de soi que le cynique et le menteur masquent leur être, mais ils sont tout aussi prisonniers de l'apparence que ceux qui ne voient pas que leur être est le don et non la capture. Tu vois alors que Laura a fait un détour pour mieux se découvrir, pour mieux découvrir qu'elle est un « être », par ce détour du Jeu, ce jeu qui l'a amenée à forger son *Je*. Mais, finalement, elle comprend que ce jeu n'en valait pas la chandelle et que son Je ne vaut guère mieux, les deux – le Jeu et le Je – n'étant que des *apparences*. Pour la première fois peut-être, l'ancienne infirmière (qui jouait à l'EuroMillions) se rend compte que sa vraie force est étrangère à l'argent : elle vient de l'aide et du soin qu'elle accorde aux autres.

Ce n'est donc pas un hasard si Laura prend la décision de retourner à sa première profession – infirmière – qui rend service à l'être humain jusqu'à le sauver parfois. Elle déménage à Biarritz, s'installe comme infirmière libérale et ne parle à personne de son gain. Il ne lui reste plus que 3 millions d'euros sur les 10 millions initiaux gagnés. Elle rencontre un professeur de mathématiques, également sportif, qui s'est blessé, qui a divorcé sans avoir eu d'enfant et qui sort, lui aussi, d'une relation amoureuse conflictuelle. Elle le *soigne*. Ils se plaisent et s'installent ensemble au bout de quelques mois. Quand Laura est enceinte, elle n'a toujours pas dit à son nouveau compagnon qu'elle avait gagné au jeu et que sa vie en avait été altérée. Pendant sa grossesse, elle se décide à lui raconter son histoire et constate que son futur mari est un homme totalement dénué d'intérêt pour l'argent et pour la vie superficielle, aimant son métier, la nature et les rapports sains à autrui. Finalement, c'est en faisant le détour par l'argent que Laura aura découvert que celui-ci est un Heur, mais nullement une source de bon-Heur. Te souviens-tu, quand tu étais petit(e) et que tu lisais *Picsou Magazine* ? Considérablement fortuné, ce canard[1] se croit heureux au milieu de ses montagnes de pièces d'or alors qu'il est surtout dans une névrose obsessionnelle qui n'en fait pas quelqu'un de plus heureux que son neveu Donald qui, lui, manque d'argent. L'être humain qui attache de l'importance à sa richesse ou à sa pauvreté est prisonnier de la matière et pauvre spirituellement autant qu'intellectuellement.

Laura n'est pas, tu t'en doutes, la seule à faire cette découverte de la nature éphémère de l'Heur et de la source de Malheur que peut entraîner le gain aux jeux de hasard. Adrian Bayford gagne un jour *beaucoup plus* que Laura, ce qui, dans un pseudo-raisonnement, peut laisser penser qu'il sera *beaucoup plus heureux* qu'elle, très exactement 18,7 fois plus heureux en décrochant la jolie somme de 187 millions d'euros ! Facteur

1. Balthazar Picsou est l'oncle riche de Donald, personnages archétypes créés par les studios Disney.

de profession, Adrian livrait chaque jour le courrier à une partie des habitants de la ville où il habitait et travaillait aussi dans son petit magasin de disques où il vendait des vinyles. Une petite vie régulière, mais sage et motivée. Devenu l'un des plus importants gagnants de l'EuroMillions, il achète un manoir du XIXe siècle. Mais il ne s'arrête pas là. Amoureux de la musique rock, il crée deux festivals de rock dans le parc de son manoir. Il embauche un jardinier pour s'occuper de l'espace extérieur, or cet homme compétent et immoral séduit sa femme, Mme Bayford. Adrian divorce et débute une nouvelle relation amoureuse avec une passionnée d'équitation. Il lui offre des chevaux et souhaite l'épouser. Mais la cavalière s'enfuit. Déçu de l'être humain, qu'il voit donc désormais autrement qu'au temps où il était facteur, Adrian fait plus que Laura : il quitte son pays pour aller vivre dans l'anonymat en Australie, ce qui en dit long sur l'Heur issu de l'argent, comme si un gain pécuniaire se révélait vite une perte de chaleur humaine, comme si la quantité gagnée diminuait la qualité des rapports entre les êtres humains. Il faut dire qu'ayant gagné plus d'argent que Laura, ses désappointements sont plus lourds et sa décision finale, plus radicale puisqu'il ne se contente pas de déménager pour changer de région : il quitte carrément le pays.

Le cas de Martyn et Kay Tott illustre un Heur plus bref. Ce qui leur arrive paraît pourtant prometteur : ils constatent avoir gagné le jackpot au Loto. N'est-ce pas bon signe ? En réalité, pas vraiment. En effet, apprenant la nouvelle du gain par la radio et se rappelant que leurs chiffres correspondent au ticket gagnant, ils se mettent à la recherche du fameux morceau de papier. Malheureusement, ils ne parviennent pas à le retrouver et ne peuvent pas prouver qu'ils sont les gagnants et donc légitimes pour toucher l'argent. Les mariés se souviennent très bien des numéros qu'ils ont joués, puisque ce sont les chiffres qui correspondent à la date d'anniversaire de leur mariage. Ils mènent alors une enquête auprès des organisateurs de la loterie qui finissent par retrouver la preuve informatique de leur victoire. Ouf ! Les vainqueurs réclament donc le paiement de leur gain. Seul problème, pour attester officiellement qu'ils sont bien les lauréats de ce jeu, la procédure nécessite 7 semaines. Or, la loterie Camelot[1] paye les vainqueurs dans un délai limité à 30 jours maximum après le tirage. Ayant mis 19 jours de plus que le délai imparti pour récupérer la preuve de leur gain, Martyn et Kay ne seront donc pas récompensés de leur victoire ! Comme quoi, le temps n'est pas seulement de l'argent ! Il peut déboucher sur le néant, en l'occurrence le néant monétaire.

Souviens-toi que Sartre distingue l'en-soi et le pour-soi[2]. L'en-soi est ce qui est sans perspective de changer. Le cendrier ou le coupe-papier est un *en-soi* car le cendrier

1. Camelot est le nom de l'organisation du jeu d'argent populaire en Grande-Bretagne, l'équivalent du Loto français.
2. Jean-Paul Sartre, *L'Être et le Néant*, 1943.

ne deviendra pas un coupe-papier et le coupe-papier ne deviendra pas un cendrier. L'en-soi est une chose qui a pour essence une fonction déterminée et qui n'en changera pas. L'en-soi *est*, mais il *n'existe pas*, et le seul changement qui peut le concerner vaut destruction. Lorsque le coupe-papier ne peut plus couper le papier, il perd son existence de coupe-papier. Il en va de même pour le cendrier. En revanche, le *pour-soi* renvoie à l'existence et bénéficie d'une souplesse étrangère à l'en-soi. Le pour-soi est le propre de l'homme. Il représente la conscience qui s'appréhende elle-même comme étant inachevée. Le pour-soi s'avère libre puisqu'il peut être autre chose que ce qu'il est et faire autre chose que ce qu'il fait. Tu serais donc tenté(e) de croire que le joueur au Loto est un *pour-soi* car il peut devenir riche, donc passer du néant à l'être ou, plus précisément, de l'en-soi au pour-soi. En fait, il faudrait déterminer s'il est un en-soi et, si c'est le cas, comprendre qu'il peut devenir un pour-soi par le jeu ; ou s'il est un pour-soi, ce que le jeu prouvera. Or, il va de soi que le joueur est un pour-soi avant même de jouer, ce qui explique qu'il joue. Le coupe-papier ne joue pas. Mais alors, si le pour-soi joue, devient-il autre chose qu'un pour-soi ? La question est existentialiste : le joueur existe-t-il plus que le non-joueur ? Le gagnant existe-t-il plus que le perdant ? En fait, il est facile de concevoir que celui qui joue n'a pas compris l'existence et cherche dans le hasard – l'Heur – une solution à sa vie qu'il n'a pas interrogée. Le joueur est donc un pour-soi ultra ignorant de lui-même. Dès lors, il devient clair qu'il est un pour-soi qui régresse vers l'en-soi ou, pour le dire autrement, un être humain qui retourne vers la matière et l'atome. Il n'est donc pas faux de dire qu'un joueur ne cherche pas à développer sa liberté puisqu'il se met entre les mains du hasard, puis, qu'il gagne ou qu'il perde, en reste prisonnier. Son résultat au jeu ne change rien à sa régression : le pour-soi régresse à l'en-soi. Il ne vit plus son existence en état de liberté. Or, dans le cas de ce couple qui joue, qui croit avoir gagné et qui finit par perdre, la compréhension de la réalité se révèle très faible. Suite à ce non-gain, la vie du couple tombe de Charybde en Scylla. Martyn sombre dans une dépression tandis que Kay décide de changer de vie et de divorcer. Moralité : le temps sans argent ne tue pas, mais l'argent imposé au temps bouleverse la vie de ceux qui en espéraient le Bonheur sans avoir réfléchi au réel.

Ainsi, qu'il s'agisse de Laura, d'Adrian ou de Martyn, le même problème se pose : ils gagnent d'un côté pour mieux perdre de l'autre. Au bout du compte, Laura se sépare de son concubin et s'éloigne de sa famille, Adrian devient misanthrope et fuit son pays, et Martyn déprime et se voit abandonné par son épouse. Tu comprends alors, lectrice, lecteur, qu'il faut être naïf pour croire que gagner de l'argent rend heureux. Non seulement l'argent éloigne du Bonheur, mais en plus il rend *malheureux*. Le nombre de gagnants faisant le choix de se débarrasser de leur fortune après en avoir compris l'inutilité confirme bien l'absence de lien entre *l'argent* et *le Bonheur*. D'ailleurs, cet aspect négatif en rapport avec ceux qui gagnent de l'argent aux jeux n'est pas le seul cas qui donne à réfléchir. En effet, celui qui gagne beaucoup d'argent en travaillant peut y voir un inconvénient, pour ne pas dire une impasse. C'est le cas d'Henry Quinson. Alors qu'il est trader dans une banque, à savoir courtier de haut vol qui gère avec quatre collègues 15 milliards de dollars sur toute la planète, il décide un jour d'arrêter ce métier et de devenir moine. La chose est tellement peu courante qu'elle suscite curiosité et mérite compréhension. Non seulement Henry change de vie, mais il doit aussi, évidemment, suivre une formation religieuse. À Notre-Dame de Tamié[1], en Savoie, il découvre une existence s'écoulant dans le silence, l'intériorité, la prière et la méditation, bref, tout le contraire de

1. L'abbaye Notre-Dame de Tamié est trappiste cistercienne. Henry s'y forme pendant 6 ans.

l'agitation et du brouhaha qui caractérisent le monde de la spéculation financière. De *golden boy*, le Franco-Américain[1] devient, à vingt-huit ans, un *modest man* au service des hommes et de Dieu. Il donne l'impression de passer d'un extrême à un autre : beaucoup d'argent avant, beaucoup de silence après. S'installant à Marseille en 1989 après avoir achevé sa formation de moine, il offre un soutien scolaire aux enfants issus de l'immigration, d'abord dans la cité La Renaude, puis à la cité Saint-Paul. Il devient un écrivain public pour les personnes ne maîtrisant pas la langue française afin de les aider à rédiger leurs courriers et à remplir des documents, notamment administratifs. De là à conclure qu'il est peut-être plus épanouissant d'être un agent spirituel qu'un citoyen noyé dans l'argent, il n'y a donc qu'un pas[2].

---

1. Il raconte ce changement de vie dans son livre *Moine des Cités : De Wall Street aux Quartiers-Nord de Marseille*, Nouvelle Cité, 2008.
2. L'histoire dit qu'après cet épisode religieux Henry Quinson rendra son habit pour fonder une famille et

Le cas de Grigori Perelman confirme cette force de l'intelligence préférant l'esprit à la matière. Ce mathématicien russe travaille sur le flot de Ricci[1] et découvre en 2002 une démonstration de la conjecture de Poincaré du programme de Hamilton, à savoir une conjecture mathématique de la topologie algébrique portant sur la sphère de dimension trois. Que tu sois fort(e) en maths ou non, tu sens bien qu'il fait une découverte débloquant une impasse dans laquelle se trouvaient les mathématiciens depuis près d'un siècle. Formulée en 1904 par Henri Poincaré, la conjecture mathématique s'énonçait ainsi : « soit une variété compacte V simplement connexe à 3 dimensions, sans bord. Alors V est homéomorphe à une hypersphère de dimension 3 ». Il s'agit d'un casse-tête qui permet de savoir si une forme quelconque est une sphère à trois dimensions[2]. Tu te rends donc

engendrera des enfants heureux.

1. Le flot de Ricci est une équation aux dérivées partielles portant sur le tenseur métrique d'une variété riemannienne.

2. Une peau d'orange est une sphère en deux dimensions dans un espace à trois dimensions.

compte du mérite du Russe Grigori Perelman qui résout le problème en 2002, d'autant qu'il ne va pas s'arrêter là ! En 2003, il résout la conjecture de géométrisation de Thurston[1] formulée en 1976 et qui est plus générale que la conjecture de Poincaré.

Visiblement, sa performance « paye ». D'une part, au Congrès international des mathématiciens de Madrid 2006, lui est attribuée la médaille Fields et, d'autre part, il se voit récompensé le 18 mars 2010 par l'institut de mathématiques de Clay. Il gagne presque aussi bien qu'au Loto puisqu'il reçoit, avec la médaille Fields, environ 1 million de dollars ainsi que la même somme par l'institut de mathématiques de Clay. Les mathématiques finissent par payer ! Détail : le lauréat Gregori Perelman refuse ces récompenses qu'il considère inutiles[2].

---

1. La conjecture de géométrisation de Thurston affirme que les trois variétés compactes peuvent être décomposées en sous-variétés admettant l'une des huit structures géométriques appelées « géométries de Thurston ».
2. En 1996, il avait déjà refusé le prix de la Société mathématique européenne.

Alors qu'il avait travaillé dans le plus grand secret pendant 7 ans, il court-circuite l'entre-soi des mathématiciens en publiant sa démonstration sur le Web en 2002 ! Autant dire que la gloire, il s'en moque, et qu'il préfère partager une vérité avec le plus de gens possibles plutôt que de se voir glorifié par une élite de mathématiciens. Fondamentalement mathématicien, honnête et nullement matérialiste, il déclare : « Je pense que la contribution du mathématicien américain Richard Hamilton à la résolution de ce problème n'est pas inférieure à la mienne[1]. » Difficile d'être plus modeste que lui ! Il sait compter et conter. Finalement, la conjecture de Poincaré est renommée « le théorème de Perelman », ce qui constitue une récompense peu matérialiste, mais plus juste pour le lauréat.

Il est donc nécessaire d'admettre qu'une belle vie ne peut découler de l'argent. Le *gain au jeu* déclenche une excitation que

1. https://fr.wikipedia.org/wiki/Grigori_Perelman

nous prenons pour du Bonheur alors que celui-ci se révèle n'être que de l'Heur, à savoir un plaisir fort, mais limité dans le temps, comme le *coup de foudre*. Lorsqu'un tel plaisir t'arrive, lectrice, lecteur, n'hésite pas à l'analyser pour deviner s'il va durer ou disparaître. Et si tu as oublié de t'interroger au début de ton plaisir – absorbé(e) que tu étais dans la nouveauté de cette excitation forte et nouvelle – et que tu constates, au bout d'un certain temps, que le plaisir initial commence à diminuer, dis-toi bien que tu n'avais pas débuté un bon-Heur : tu vivais juste un Heur, autrement dit un *bon-Heur provisoire* qui finit par un mal-Heur plus durable, une *chance* étant presque toujours suivie d'une *mal-chance*.

Par conséquent, que tu sois très *amoureux(se)* et que tu vives une fusion passionnelle lors d'un coup de foudre ou que tu sois très *excité(e)* et rassuré(e) d'avoir gagné une grosse somme d'argent, essaye de repérer, dans un coin de ton cerveau, s'il n'y a pas quelque chose de négatif : si tu le sens, tu comprendras alors que tu n'étais pas dans le Bonheur et tu commenceras à préparer la descente de cet événement pour amortir sa fin, un peu comme si tu ouvrais ton parachute au bon moment pour atterrir en douceur ; en revanche, si tu n'identifies pas ce qui t'arrive comme un Heur et que tu restes persuadé(e) qu'il s'agit d'un bon-Heur, tu continueras ta descente en la niant et tu te rendras malheureux(se) à la fin lorsque tout ce qui te paraissait *durable* s'avérera *friable*. Or, n'ayant pas ouvert le parachute, tu iras vers un crash, avec l'espoir de tomber plutôt dans la mer que sur la terre ! Ainsi, tu vois que l'Heur ne doit plus être confondu avec le bon-Heur. D'ailleurs, tu remarques que le mal-Heur n'est pas si éloigné de l'Heur que tu aurais pu le croire. Si le Malheur est ce fait négatif que tu n'avais pas anticipé et que tu ne supportes pas lorsqu'il apparaît, l'Heur est son opposé au début, mais son semblable à la fin. En effet, si la personne volée, violée ou tuée connaît un Malheur lié à un événement négatif, la personne qui éprouve un coup de foudre ou qui gagne au Loto croit tutoyer le Bonheur. En réalité, la diminution, suivie de la disparition du coup de foudre ou de l'argent gagné au jeu, opère un changement négatif dans la vie : le désamour d'un côté et l'appauvrissement de l'autre. Avec le recul de cette situation philosophiquement observée, tu reconnais désormais que l'Heur donne dès le début un *avant-goût du déclin*.

Au fond, lorsque tu es touché(e) par la chance, tu peux croire que les choses vont aller mieux, mais, en réalité, tu ne fais que confirmer ta dépendance à l'égard des événements. Sans en avoir conscience, le chanceux se prépare à être *malheureux*. Pourquoi ? Parce que l'événement qui l'excite dépend tellement peu de lui que, lorsqu'il s'arrête, le chanceux est plus blessé que s'il avait anticipé ce changement. L'Heur rend la vie agréable à court ou moyen terme, mais nullement à long terme. Tu reconnais donc que l'Heur n'est le fruit ni d'une réflexion ni d'une maîtrise de soi : il est le signe d'une *passivité*.

Sans condamner l'Heur, il est toutefois utile que tu le *cernes* pour le vivre sans perdre la maîtrise de toi afin de ne pas te laisser envahir par le mal-Heur. Or, si tu y réfléchis, tu comprends que l'Heur n'est pas un bien : il est un *indifférent*. Tu te souviens que dans la philosophie stoïcienne, la morale distingue trois axes : *le bien*, *le mal* et *l'indifférent*. Tu sais désormais que *le mal* est le fruit de cette hyper passivité du méchant qui se croit actif alors même qu'il est noyé dans le flot des passions. Mais si *l'indifférent* est tout aussi réel que le mal, est-il de son côté ? L'indifférent est-il bien ou mal ? À vrai dire, comme son nom l'indique, un indifférent n'est ni bien ni mal : il est entre les deux, il est un *entre-deux*, ni bon ni méchant. D'ailleurs, l'indifférent ne rend ni heureux ni malheureux et tu as raison de reconnaître que beaucoup de gens ont tort de prendre l'indifférent tantôt pour un bien, tantôt pour un mal.

D'abord, tu dois savoir que l'indifférent n'est pas simple : il est double. Il y a *un indifférent absolu* et *un indifférent relatif*. C'est ainsi que le nombre de cheveux ou de poils que tu as sur ton crâne ou ton corps constitue un indifférent absolu. Attention, il ne s'agit pas de dire que les cheveux ou les poils sont indifférents. Depuis la nuit des temps, l'être humain s'intéresse aux uns comme aux autres. Ce qui est indifférent, c'est de savoir si tu as un nombre de cheveux ou de poils pair ou impair. La chose est d'autant moins importante que tu perds des cheveux et des poils tous les jours et que, jusqu'à un certain âge, il y en a d'autres qui poussent. Par conséquent, à certains moments, le nombre de tes cheveux ou de tes poils est pair tandis qu'à d'autres moment, il est impair. De là vient l'expression « indifférence absolue », qui désigne une réalité n'ayant aucune incidence sur ta vie. En revanche, il y a des choses que tu fais et qui sont des *indifférents* que les stoïciens nomment « relatifs ». Pourquoi relatifs ? La raison est simple : ils sont moins indifférents que le nombre de poils ou de cheveux que tu as ! Mais attention : ce n'est pas parce qu'ils sont *relatifs* qu'ils ne sont plus *indifférents*.

Et le fait que ces indifférents relatifs soient appelés des « préférables » n'en fait nullement des biens. Choisir un préférable (*proêgmena*, en grec ancien) est une chose ; mais prendre le préférable pour un bien est une illusion. Le stoïcisme nous invite à considérer que le bien est spirituel et que prendre un préférable – donc une chose – pour un bien indique d'abord une infériorité intellectuelle et ensuite une faiblesse morale. Parmi les préférables, il y a notamment la richesse et la santé. Il ne vaut donc pas mieux être en bonne santé que riche, ni l'inverse puisque ce sont deux indifférents. Donc la santé est un préférable qui est un indifférent, non un bien. Faire de la santé le centre de notre vie en dit long sur la faiblesse intellectuelle et morale de l'être humain. Tu l'as compris, les êtres humains ont tort de prendre ces *indifférents relatifs* pour des *biens* ; et quand tu sais que les *indifférents relatifs* sont la gloire, la richesse ou la santé, tu devines qu'ils y attachent une importance plus grande qu'au nombre de poils et de cheveux et qu'ils s'emmêlent intellectuellement et existentiellement les pinceaux en prenant ces trois *faits* pour des *biens.* Pourtant, lorsque tu *préfères* une chose à une autre, tu sais que tu peux t'en passer. Je peux répondre au garagiste que je préfère ma voiture de couleur blanche plutôt que noire, mais au fond j'ai besoin d'une voiture et sa couleur est très secondaire. Lorsque tu prends un *préférable* pour un bien, tu te mens donc à toi-même en plaçant au premier plan une réalité secondaire, pour ne pas dire tertiaire.

Concernant la gloire, il est vrai qu'il est plus agréable d'être connu qu'inconnu. L'homme glorieux est connu dans une société à une époque donnée et il en tire une satisfaction que l'anonymat n'offre pas. Il en va de même pour l'homme riche qui peut, grâce à son argent, s'offrir les choses dont il croit avoir besoin. Quant à la santé, elle est effectivement *préférable* au fait d'être malade et de souffrir. Mais une fois indiquées ces *différences* entre le glorieux et l'inconnu, le riche et le pauvre, la personne en bonne santé et celle qui est malade, tu devines que cette *supériorité* des trois premiers sur les trois seconds s'avère très *relative*. En effet, être glorieux n'empêche ni d'être malheureux ni de devenir inconnu.

C'est ainsi que le premier roi d'Israël, Saül, se suicida après la défaite contre les Philistins. Comme quoi, être connu peut placer le sens de l'honneur de la personne concernée dans une position excessive qui la pousse à sortir du jeu en cas d'échec ou de disgrâce. Le fait d'être roi ne rend donc pas heureux, même si les rois malheureux ne se suicident pas systématiquement. D'ailleurs, une personne glorieuse à un moment ne l'est pas nécessairement tout le temps ; et si elle est dans la gloire toute sa vie, elle rentrera dans l'anonymat, tôt ou tard, des années, des décennies ou des siècles après. Qui se souvient du premier pharaon Scorpion Ier[1] ou du premier roi du Tibet[2], Nyatri Tsenpo ?

---

1. Il aurait possiblement vécu il y a 5 500 ans. La période pharaonique couvre environ 3 000 ans en Égypte antique et se découpe en onze grandes périodes incluant trente-trois dynasties de souverains dont peu parlent encore aujourd'hui.
2. Supposé être le premier à régner au Tibet en-127

À part quelques historiens ou curieux passionnés, la réponse est : personne.

Il en va de même pour la richesse que nous avons envisagée à partir des gains aux jeux d'argent. Être riche est *préférable* au fait d'être pauvre, mais cela ne rend pas heureux et, symétriquement, le fait d'être pauvre ne rend pas malheureux. Pourquoi ce paradoxe ? Pourquoi les riches ne sont-ils pas mécaniquement heureux et les pauvres, mécaniquement malheureux ? La réponse est bien sûr liée au Bonheur qui découle de l'esprit, d'un équilibre intérieur de la personnalité, autrement dit d'une force de l'âme. Dès lors, si un riche est heureux, il doit son Bonheur à sa richesse spirituelle, non à sa richesse matérielle. De même, si le pauvre est heureux, il doit son Bonheur à sa richesse spirituelle, non à sa pauvreté matérielle. Aller à l'essentiel suppose donc de tutoyer l'être, non l'apparence qui caractérise la richesse.

---

av. J.-C., il inaugurerait la liste des vingt-six premiers rois dont l'existence ne repose sur aucune preuve historique.

Quant à la santé, elle est plus agréable que la maladie, mais elle est aussi inutile au Bonheur que la richesse et la gloire. Le nombre de gens en bonne santé qui sont malheureux ou/et qui se suicident[1] est non négligeable ! Souviens-toi alors que les personnes malades[2] que nous avons évoquées sont heureuses et plus fortes psychiquement que des millions de gens *en pleine forme*. Bien sûr, il est compréhensible que des personnes qui souffrent se considèrent malheureuses, mais il est possible d'attirer leur attention sur certains êtres humains gravement malades et puissamment heureux : ces personnes peuvent alors opérer *un changement de regard* sur leur vie qui peut les conduire à *changer de vie*.

Tu comprends donc que ces trois biens « supposés » n'en sont pas puisqu'ils ne dépendent pas de nous. Ils ne sont pas des

1. Rappelle-toi le cycliste René Pottier et l'acteur Patrick Dewaere.
2. Thérèse de Lisieux, Stephen Hawking et Jean-Dominique Bauby.

biens, ils sont des « indifférents ». C'est ainsi qu'une *personne glorieuse* peut quitter le pouvoir, en être écartée ou être tuée. De son côté, une *personne riche* peut perdre sa fortune rapidement. Quant à la *personne en pleine santé*, elle peut devenir malade alors même qu'elle n'avait pas profité de son état précédent pour chercher à être heureuse. Dès lors, lectrice, lecteur, fais cet effort : reconnais que ce que tu prenais pour des biens – gloire, richesse et santé – ne sont que des *préférables*[1] et qu'il est nécessaire que tu t'intéresses à la liberté si tu veux sortir de l'indifférence pour atteindre le Bonheur.

---

1. Selon les stoïciens, *adiaphoron*, en grec ancien, désigne la chose indifférente qui n'est ni conseillée ni interdite.

III – Le Bonheur

De l'Heur au Bonheur

Maintenant que tu sais, lectrice, lecteur, comment échapper au Malheur et ne pas te laisser piéger par l'Heur[1], tu peux enfin chercher le Bonheur. Toutefois, le chemin pour l'atteindre n'est pas direct : il te demande un peu de patience ainsi que quelques efforts. En effet, si le Bonheur ne s'avère pas si difficile à atteindre, tu t'empêches peut-être d'y entrer en raison de ton goût pour les choses compliquées et de ta difficulté à sortir de schémas dans

1. La chance, si tu as perdu le sens du mot « heur ».

lesquels tu es enfermé(e). Si réfléchir suppose de sortir d'un schéma – mais nullement du monde – il faut au préalable que tu saisisses quelques outils afin d'ouvrir la porte du chemin qui te conduira au Bonheur. Or, parmi ces outils, tu vas commencer par une réflexion sur la liberté.

Je ne sais pas si tu as vu *Quatre mariages et un enterrement*[1]. Il y est question d'un homme, Charles (Hugh Grant), très amoureux d'une femme, Carrie (Andie MacDowell), qu'il aimerait épouser. Malheureusement, il ne va jamais l'épouser. Elle épouse un autre homme, ce qui met à mal son amour et son projet. Néanmoins, il continue d'aimer cette femme qui s'est mariée avec un autre homme, ce qui illustre la difficulté de l'amour. Puis, les années passent et cette femme divorce. Quant à Charles, il annule son mariage avec une autre femme qu'il n'aime pas. Ainsi, lorsqu'il apprend que Carrie a divorcé, il

1. Film de Mike Newell, 1994.

lui propose de vivre avec elle sans l'épouser et tu imagines qu'ils seront heureux. Ce film indique donc que le Bonheur n'est pas immédiat, mais qu'il est plus fort que le *coup de foudre* qui démarre fort et finit vite et mal. Contrairement aux coups de foudre, le Bonheur est à la fois capable de s'adapter au réel et de résister au temps et aux difficultés. Le mérite de ce film est donc de t'inviter à chercher le Bonheur avec patience et détermination, ce qui n'est pas facile mais se révèle très fort.

Dès lors, tu comprends qu'ici le Bonheur n'est pas un but : il est un *effet* récompensant le héros de ne pas avoir abandonné son amour et de l'avoir inscrit dans la durée. Dans *Quatre mariages et un enterrement*, le Bonheur n'est pas l'enjeu : il est une *intense récompense* de la force et de la permanence de l'amour de Charles pour Carrie. La personne *amour-euse* ne cherche pas à être *heur-euse*, mais elle le devient en poursuivant son chemin tout en s'adaptant à la réalité. Certains diront que tous les amoureux ne parviennent pas à obtenir la réciprocité de la part de la personne aimée. Certes, mais il s'agit d'un exemple, non d'un modèle. Ceux qui sont réalistes savent quand il n'y a aucune chance de recevoir en retour le même amour qu'ils portent à quelqu'un. Or, dans ce film, le héros avait perçu ses chances d'être aimé, même s'il s'y prenait mal. Mais surtout, l'amour n'est qu'un domaine parmi d'autres pour accéder au Bonheur. Il y a dans le Bonheur une force et une caractéristique qui ne sont pas premières, mais qui méritent d'être appréciées. Pour mieux comprendre ces deux aspects du Bonheur, il faut cependant dépasser l'exemple cinématographique et ne pas en rester à l'amour.

En effet, le coup de foudre s'est révélé excessif et provisoire. Tu devines donc que ce qui est excessif est *instable* alors que ce qui est modéré peut s'avérer *durable*. Il en va de l'amour en particulier comme de la vie en général : les buts raisonnables et sensés que tu atteins génèrent du Bonheur là où les buts irrationnels et excités engendrent plaisirs ponctuels et conséquences négatives. Il faut alors reconnaître que si le plaisir est agréable, il n'est pas forcément bon. En amont du plaisir, le désir se révèle surtout être une excitation, c'est-à-dire *une tension*. Le plaisir n'est donc pas toujours aussi positif que tu le supposais : il n'est qu'une libération du désir. D'un point de vue logique, le désir est donc négatif puisque tu manques de quelque chose que tu voudrais avoir. Mais comme le plaisir met fin à ton désir, il est lui-même négatif puisqu'il est une négation du négatif. Le plaisir est donc un jeu à somme nulle, un retour à « la case départ » : il annule l'excitation du désir. Au fond, ton désir est une tension que le plaisir s'efforce d'annuler pour que tu retrouves ton état antérieur, à savoir l'absence de tension, le calme, l'équilibre.

Le fait que tu aies un désir et un plaisir peut te donner l'impression que ta vie est dynamique. En réalité, tu es dans un mouvement psychologique et physique qui relève plus du déterminisme[1] que de la liberté. En désirant, tu entres dans un mécanisme qui te rend esclave de la vie. Bien sûr, il y a désir et désir : soit tu as un désir modéré et maîtrisé – que tu peux interrompre ou abandonner –, soit ton désir est immodéré, excessif et non maîtrisé et te rend dépendant d'une situation. Épictète a donc raison de mettre sur le même plan le désir et l'aversion : « Souviens-toi que la raison d'être du désir est d'en obtenir l'objet, et la raison d'être de l'aversion, de n'en pas rencontrer l'objet[2]. » Tu avais donc tort d'opposer le désir et l'aversion[3] puisqu'en désirant quelqu'un ou quelque chose ou en rejetant quelqu'un ou quelque chose, tu restes déterminé(e) par ton émotion. Dans ce genre de comportement émotionnel, tu

1. Le déterminisme est un enchaînement de causes et d'effets qui s'oppose à l'idée selon laquelle nous serions libres. Si la liberté consiste à croire que nous sommes à l'origine de nos actes, le déterminisme affirme le contraire.
2. Épictète, *Manuel*, Rivages poche, Petite Bibliothèque, 1994, p. 19.
3. *Antipatheia* en grec selon les stoïciens.

ne maîtrises pas la situation qui provient d'une absence de réflexion. Épictète poursuit : « Quiconque échoue dans son désir est infortuné, quiconque se heurte à l'objet de son aversion est malheureux[1]. » Dans les deux cas, la situation mène au Malheur puisque désirer ou fuir[2] ne sont que les deux versants d'une faiblesse de la personnalité. Que tu sois dans le contact ou dans l'éloignement, tu dépends de tes passions et tu ne maîtrises pas la situation, faute de maîtriser ta personnalité, ton âme, ton psychisme.

Épictète t'offre alors une première solution qui mérite d'être lue, relue et élue par toi-même pour toi-même : « Si donc tu réserves ton aversion, parmi les choses qui dépendent de toi, aux choses contraires à la nature, tu ne te heurteras jamais à ce qui te répugne. Mais si tu t'avises de détester la maladie, la mort, la pauvreté, tu seras

---

1. *Id.*, *ibid.*, *op. cit.*, p. 19-20.
2. L'aversion – *antipatheia* – est le fait de rejeter quelque ou quelqu'un et peut prendre de nombreux aspects comme la fuite, la colère, la haine, etc.

malheureux[1]. » La première phrase citée est *décoiffante*. Épictète ne dit pas que tu dois aimer, détester, fuir ou combattre des choses qui viennent de l'extérieur. Ce qu'il te dit est le contraire de cette manie et de ce préjugé plus que répandus. Il t'invite à l'inverse à aller chercher en toi les passions qui te rendent passif(ve), c'est-à-dire à identifier les perturbations dans ta vie qui proviennent de toi et qui ne doivent rien à la nature. Bien sûr, lorsqu'une tempête fait tomber un arbre devant ton nez, tu ne pouvais rien faire et tu ne dois donc rien te reprocher. Il en va de même si une éruption volcanique – encore qu'il soit possible de ne pas s'installer sur un terrain comprenant des risques ! – envoie sur ton toit ou ton corps de la lave. Tu n'y peux rien. En revanche, si tu développes des passions – comme détester la maladie, la mort ou la pauvreté – qui enclenchent une série de problèmes qui t'enfoncent régulièrement, il

1. *Id., ibis., op. cit.* p. 20.

faut être honnête : tu t'es toi-même imposé des problèmes qui viennent de ces passions, prouvant ta passivité et construisant ton Malheur.

Tu comprends alors que le chemin du Bonheur ne passe pas par le désir et l'aversion : il les dépasse parce qu'il a besoin de quitter les passions pour l'action, et la bêtise pour l'intelligence. Plutôt que de rester dépendant(e) du couple désir/plaisir, tu commences à t'en détacher et à t'ouvrir à la liberté. Il est vrai qu'être libre ne consiste ni à faire n'importe quoi, ni à te croire indépendant(e). Au contraire. Il y a dans la liberté (stoïcienne) une capacité à anticiper les événements te permettant de les accueillir sans pour autant penser que tu en serais la cause.

Lectrice, lecteur, tu *sculptes ta liberté* en mettant en œuvre ton *pouvoir d'accepter* ce qui arrive.

« La liberté est une chose non seulement très belle, mais très raisonnable et il n'y a rien de plus absurde ni de plus déraisonnable que de former des désirs téméraires et de vouloir que les choses arrivent comme nous les avons pensées. Quand j'ai le nom de Dion à écrire, il faut que je l'écrive, non pas comme je veux, mais tel qu'il est, sans en changer une seule lettre. Il en est de même dans tous les arts et dans toutes les sciences. Et tu veux que sur la plus grande et la plus importante de toutes les choses, je veux dire la liberté, on voie régner le caprice et la fantaisie. Non mon ami : la liberté consiste à vouloir que les choses arrivent, non comme il te plaît, mais comme elles arrivent[1]. » Le propos d'Épictète peut paraître osé lorsque tu n'as pas réfléchi à la liberté et que tu vis avec une vision de ton indépendance qui fleure bon la naïveté et la caricature. Mais en disant que la liberté est « une chose très belle », il t'invite à réfléchir. La première

1. Épictète, « Entretiens – Manuel » in *Les Stoïciens*, collectif, Gallimard, « Bibliothèque de la Pléiade », 1962. Dion de Pruse n'est pas un dieu mais un sophiste, contemporain d'Épictète (de la seconde moitié du Ier siècle au début du IIe siècle) qui a également suivi les cours du stoïcien romain Musonius Rufus.

chose à comprendre tient à un paradoxe : plus tu te crois libre, moins tu l'es ; plus tu te sais *déterminé(e)*, plus tu es libre.

Il est vrai que l'idée n'est facile ni à comprendre ni à admettre. Habituellement, tu crois que la liberté consiste à agir par toi-même et pour toi-même. Pourquoi pas ? En réalité, il s'agit d'une illusion. En effet, tu n'es pas plus libre que la Terre qui tourne, la pierre qui tombe ou la vague qui arrive sur la plage. Ce principe est difficile à accepter, mais il est pourtant réel et la philosophie lui accorde un mot : le « déterminisme ». Lorsque tu achètes, par exemple, une voiture ou un téléphone, tu as l'impression que ce que tu as choisi est le fruit de ta liberté. Pourtant, tu achètes en fonction de tes moyens et du milieu social auquel tu appartiens. Si tu gagnes un salaire modeste, tu achèteras un véhicule modeste. Bien sûr, tu pourras *choisir* la couleur de ton véhicule ainsi que quelques options. Mais ce choix des options est une illusion de ta liberté, en raison, d'une part, de tes capacités financières très limitées et, d'autre part, de ton milieu social. Pour le dire autrement, tu n'achèteras pas un véhicule qui représente cent fois ton revenu mensuel ni n'opteras pour une couleur qui risquerait de choquer. Et il en va de même pour ton téléphone que tu choisiras en proportion de ce que tu gagnes et non en fonction de ce que tu désires. Tu comprends donc qu'il n'y a pas plus de liberté dans ce genre d'achat que dans la chute d'une pierre.

Toutefois, rassure-toi. Celui qui est riche et semble pouvoir choisir n'importe quel produit en vente se révèle tout autant *déterminé*. Le riche subit le déterminisme autant que le pauvre, mais d'une autre manière. Il choisit un véhicule ou un téléphone très cher afin de montrer aux autres qu'il est riche et qu'il ne vit pas de la même manière que la classe moyenne. Certes, il y a des riches qui font « exprès » d'acheter de modestes véhicules afin de passer inaperçus. Mais là encore, ces riches discrets sont aussi *déterminés* par leurs moyens et leur situation sociale qui les contraignent à se glisser dans la classe moyenne afin de ne pas être repérés. Au fond, les riches n'ont pas de choix : soit ils assument le fait d'être riches par les choix des produits qu'ils achètent, soit ils se font passer pour ce qu'ils ne sont pas à travers ceux qu'ils affichent. Mais le fait qu'ils achètent des véhicules très coûteux ou bon marché prouve qu'ils sont prisonniers de leur statut social et y sont soumis dans les deux cas, soit pour s'exhiber riche, soit pour se dissimuler. Les riches sont donc non libres.

Tu te doutes alors que la liberté dont parle Épictète n'a rien à voir avec ces pseudo-choix par lesquels les êtres humains se croient libres et supérieurs aux animaux. La thèse du déterminisme est subtile et donc difficile à admettre car elle suppose de dépasser le paradoxe affirmant que la personne qui se sait non libre est plus libre que la non-libre qui se croit libre ! En fait, ta vraie liberté consiste à comprendre que tu n'es pas libre et que tu n'es pas la cause de tout ce que tu fais. Attention : Épictète ne dit pas que tu n'es responsable de rien au prétexte que tu n'es pas libre. Au contraire : il t'explique que tu es d'autant plus libre que tu sais que tu ne l'es pas, ce qui signifie que tu es toujours responsable de ce qui t'arrive puisque tu l'as anticipé. Il ne s'agit évidemment pas de savoir avec exactitude à quelle heure tout va t'arriver, mais d'être préparé psychologiquement à accueillir chaque événement qui pourrait arriver. Même si tu as encore du mal à intégrer cette thèse, ne la rejette pas et poursuis ton effort en considérant l'exemple suivant. Dans le stoïcisme, la liberté consiste à comprendre que tu n'es pas libre, c'est-à-dire que tu es *déterminé(e)*, autant pour acheter un véhicule que pour choisir un métier ou un conjoint. Une fois compris le fait que tu vis dans une réalité remplie de facteurs que tu ne maîtrises pas, mais qui sont parfois déterminants et peuvent donc façonner ta vie – indiquant que celle-ci ne doit pas à sa liberté tout ce qui lui arrive –, alors tu es prêt(e) à anticiper ce qui peut t'arriver.

Tu as peut-être remarqué que le riche a plus de mal que le pauvre à accepter l'événement négatif qui lui arrive. C'est logique : il se croit au-dessus du lot et imagine que ce qui arrive aux pauvres ne doit pas lui arriver. Pourtant, il peut apprendre qu'il est atteint d'une maladie grave, ou qu'un de ses enfants vient d'avoir un accident fatal, ou encore que la Bourse s'effondre et que son entreprise est soudain en faillite. Dans chacun de ces cas, il est plus contrarié qu'une personne de classe inférieure parce qu'il se croyait « supérieur ». Il faut alors reconnaître que le pauvre, malgré lui – sa moindre souffrance ne venant pas de son choix de s'adapter au réel –, n'a pas un mérite particulier à subir cette moindre souffrance. Mais celle-ci, qui ne découle donc pas de sa sagesse, a tout de même le mérite d'être… moindre ! Le pauvre est par conséquent souvent mieux préparé que le riche à accueillir un événement négatif. Le riche accepte très difficilement ce qui vient contredire son mode de vie, qu'il perçoit comme une rupture brutale, tandis que le pauvre sait que la maladie, l'accident ou la mort font partie de la vie.

Ainsi, lorsque Épictète dit : « Non mon ami : la liberté consiste à vouloir que les choses arrivent, non comme il te plaît, mais comme elles arrivent[1] », tu comprends que *l'intelligence* consiste à anticiper les événements qui vont t'arriver, non à les ignorer. Dans le premier cas, ta tristesse est moindre puisque tu avais prévu l'événement ; dans le second cas, ta tristesse est renforcée *par ta naïveté* qui te fait croire que cela aurait dû ne pas se produire et *par ta mauvaise foi* qui affirme, pour mieux te mentir à toi-même, que ce qui t'arrive est une *injustice*.

Au fond, le riche s'éloigne de la réalité alors que le pauvre y reste attaché. L'exemple de Dion de Pruse cité par Épictète permet de

1. *Id., ibid., op. cit.*

te faire réfléchir : si tu restes fidèle au nom et à la graphie de « Dion » lorsque tu l'écris, tu seras correctement lu(e) ; en revanche, si tu écris mal son nom en l'orthographiant par exemple « Sion » ou « Lion », tu éloigneras ton lecteur de celui dont tu voulais parler. Il en va de même pour le joueur qui veut gagner de l'argent. Il s'éloigne tout autant de la réalité que celui qui change une lettre à « Dion » : il fait taire sa raison pour faire parler son imagination. Il souhaite gagner et modifier sa vie matérielle. Résultat, ce n'est pas lui qui manipule la réalité, c'est la réalité qui le manipule. Si tu as mal écrit « Dion », ton lecteur comprendra autre chose que ce que tu désirais signifier. De même, celui qui joue au jeu d'argent s'éloigne par sa perte, ponctuelle ou systématique, de la réalité. Tu saisis donc pour le joueur que la *fantaisie* et le *caprice* débutent par une excitation et s'achèvent par une déception. En t'invitant à écrire correctement un mot, Épictète t'invite à rester *fidèle au réel* pour mieux te préparer à accepter ce qui t'arrivera, t'enseignant ainsi que l'*imagination* t'éloigne du réel alors que la *raison* t'y prépare.

Bizarrement, le stoïcisme nous sensibilise au fait que tu es d'autant plus libre que tu obéis au destin, qu'il ne faut pas confondre avec la fatalité[1]. De là, il y a deux manières d'accepter un événement négatif. La première est *fataliste* tandis que la seconde est *destinale*. Dans la première, tu serres les dents, tu ne te plains pas, tu ne pleures pas et tu accuses le coup qui vient de t'arriver : tu acceptes ce qui arrive au moment où cela arrive. Dans le second cas, tu accueilles cet événement avec sérénité parce que tu l'avais anticipé : tu y trouves la confirmation que tu maîtrises le réel, non parce que tu le provoques, mais *parce que tu ne le subis pas*. Telle est la différence entre le fataliste et le destinal : le premier accuse le coup qui arrive mais qu'il n'a

1. « Fatalité » vient du latin *fatalitas* et *fatum* qui désignent ce qui doit arriver, c'est-à-dire la nécessité, par opposition à la chance, à la contingence ou à la liberté.

pas prévu, ce qui est préférable à celui qui ne l'accepte pas et qui ne l'avait pas non plus prévu ; le second prévoit l'événement et l'aime autant qu'une nouvelle supposée *positive*. En fait, il y a donc trois réactions face à un événement dit « négatif[1] » : la première s'attriste, la deuxième l'accepte et la troisième l'aime. La première réaction renvoie à la majorité des Occidentaux du XXIe siècle qui s'angoisse pour tout et n'accepte pas ce qu'elle ne désirait pas. La deuxième réaction prévalait en Occident jusqu'au XXe siècle[2], mais s'est rétrécie pour ne caractériser actuellement qu'une frange réduite de la population. Quant à la troisième réaction, elle concerne une minorité, à savoir les sages stoïciens, ce que tu peux devenir sans souscrire à une carte d'adhérant.

Pour être sage, il faut bien sûr t'y préparer. La première chose est de

1. Par les non-stoïciens.
2. Elle prévaut encore aujourd'hui en Asie, en Afrique, en Amérique latine, notamment parmi les populations les moins favorisées.

comprendre qu'il y a un déterminisme que tu acceptes, et la seconde chose consiste à remarquer que tu bénéficies d'une marge de liberté. Pour le dire autrement, peux-tu développer ta liberté au sein du déterminisme ? La réponse est simple : il est un domaine dans lequel le destin n'intervient pas, domaine qui est celui de ta pensée. Dès lors, tout se passe comme si tu disposais d'un petit espace de liberté au milieu d'un univers déterministe infini. Tu dois alors obtenir la liberté comme un cycliste peut passer au sprint au sein d'une montée. La liberté est une ouverture dont il faut *forcer le passage* dans un contexte où tout semble bloqué et mal parti. Tu peux ainsi apprendre que tu es atteint(e) d'une grave maladie, ou qu'un proche décède, ou que tu perds de l'argent : dans chacun de ces cas, il t'est possible de rester maître de ta pensée et de ton pouvoir de raisonner. Malgré le destin, tu resteras libre si tu le veux, si tu en fais l'effort en changeant ta manière de vivre et de voir la vie. En fait, si tu ne maîtrises pas la cause de ce qui t'arrive – ce qui n'est pas un défaut mais la réalité –, tu peux maîtriser *les représentations* que tu t'en fais. Celui qui ne s'attendait pas au décès d'une personne aimée se représente l'événement comme négatif, catastrophique et triste. Celui qui avait prévu cet événement ne s'en réjouit pas puisqu'il s'agit d'une personne qu'il aime, mais il sait que cela devait ou pouvait arriver et il ne cultive donc ni tristesse ni pensée morbide[1]. Il accueille l'événement et y réagit avec toute l'intelligence et l'amour de la vie. Quel amour ? Le fait que tu comprennes que cette personne que tu aimes (un parent, un conjoint, un enfant, un proche) t'a fait l'honneur de vivre de bonnes et belles choses et qu'il est plus important, efficace et intelligent de penser[2] au passé que d'inventer un avenir[3] qui n'existera pas.

1. Attitude masochiste.
2. Le valoriser sans t'y complaire.
3. La non-mort de la personne décédée ou ta tristesse en guise de preuve supposée que tu l'aimais.

Tu as compris qu'Épictète distinguait deux sortes de choses : *celles qui dépendent de nous* et *celles qui ne dépendent pas de nous*[1]. Lorsque tu admets que le cœur de ta vie n'est pas dans *ce qui arrive* mais dans *la maîtrise que tu as de ce qui arrive*, tu te sens déjà plus à même d'affronter la réalité et de t'y adapter. Si le destin ne doit plus être confondu avec la fatalité, ce n'est pas seulement parce que tu anticipes un événement pour mieux l'accepter ; c'est aussi parce que tu as une vision du monde qui dégonfle ton moi et te permet d'être en contact avec la réalité, le Cosmos, l'Univers[2]. Chaque événement qui t'arrive ne doit pas être l'occasion de te replier sur lui car, avec ce comportement, tu te replies sur toi-même. Il vaut mieux, au contraire, que tu restes ouvert(e) sur la réalité pour voir son immensité et son infinité afin de raisonner

1. Épictète, *Manuel*, Rivages poche, Petite Bibliothèque, 1994, p. 17. C'est la première phrase du livre.
2. Dans la conception astrophysicienne actuelle, il y a une infinité d'univers, ce qui était déjà la thèse de Giordano Bruno au XVe siècle.

et de te dire que *la vie* de la personne qui vient de mourir était un miracle puisque tu aurais pu ne jamais la connaître. Tu dois donc te réjouir de cette rencontre et de vos échanges, certes passés, mais bel et bien vécus.

Épictète a raison de prendre le temps de distinguer ces deux types de choses et d'en fournir des exemples pouvant nourrir ta réflexion : « Dépendent de nous nos opinions, les élans de notre volonté, désirs ou aversions, en un mot tout ce qui est de l'âme. Ne dépendent pas de nous notre corps, la richesse, la célébrité, le pouvoir, en un mot tout ce qui n'est pas notre œuvre[1]. » Ce découpage de la réalité en deux est tout sauf manichéen. Commençons par le second type de choses, à savoir celles qui ne dépendent pas de nous. Seulement quatre exemples de choses[2] de cette catégorie sont mentionnés – *le corps*, *la richesse*, *la célébrité*

1. Épictète, *Manuel*, Rivages poche, Petite Bibliothèque, 1994, p. 19.
2. « Choses » au sens large désignant une partie de la réalité.

et *le pouvoir* –, mais sache qu'il ne s'agit que d'exemples et que tu pourrais en ajouter d'autres qui obsèdent nos vies, que nous croyons centraux et qui sont, en réalité, très marginaux. C'est ainsi que ton corps, lectrice, lecteur, qu'il soit beau ou laid, maigre ou gros, petit ou grand, jeune ou âgé, ne t'appartient pas. Non seulement ton corps change tout le temps – vieillissement oblige – mais il peut aussi être modifié et altéré par un accident, une maladie ou ta mort que tu n'avais pas prévus. Ainsi, le nombre d'actrices et d'acteurs découvrant qu'ils ont une grave maladie révèle leur cheminement : ils se retrouvent plus affectés que Mme ou M. Tout-le-monde. C'est le cas d'une star qui a vécu cela. Elle a cru que ce qui lui arrivait était injuste alors qu'elle avait sauté la case de l'anticipation sur ce genre d'événements. Ne l'ayant pas anticipé alors qu'il pouvait arriver, elle en souffre doublement. À l'inverse, une personne inconnue, certes ne vit pas forcément bien l'accueil de son accident ou de sa maladie, mais elle ne pense pas à sa carrière ou à son image qui s'arrêteraient subitement.

Notre corps ne dépendant donc pas de nous, il n'est pas étrange de constater que certaines célébrités ou femmes riches recourent à la chirurgie esthétique afin de se faire passer pour plus belles et plus jeunes qu'elles ne sont. On passera sur les ratés de cette chirurgie qui transforment leurs lèvres humaines en lèvres de babouin. Ces personnes se font modifier le corps à partir d'une naïveté narcissique témoignant qu'elles ne savent pas qui elles sont. Or, elles sont des êtres vieillissants dont le devenir n'est jamais un retour en arrière, à la jeunesse et à la beauté plastique. Notons néanmoins que la chirurgie esthétique est moins critiquable dans le cas d'une personne qui a été victime d'un accident et qui a perdu son visage. Des chirurgiens de guerre ont d'ailleurs fait des miracles. Est positive la médecine au service de la guérison qui est physique et morale. Est négative, en revanche, celle qui enfonce les patients dans l'apparence. Bien sûr, il y a des jeunes qui se font opérer en chirurgie esthétique, ce qui est un degré supplémentaire de déterminisme social. Que la personne voie son corps modifié par le vieillissement ou par le bricolage chirurgical indique qu'elle est déterminée par une action étrangère à sa liberté. Donc il y a quelque chose de comique à constater un surinvestissement du corps par la chirurgie et une sous-réflexion de ce qu'est l'être du corps. Par une telle attitude, le corps se voit ignoré alors qu'il est une réalité physique et vivante qui a pour but naturel de prolonger une espèce. L'acide hyaluronique[1], qui permet de grossir les lèvres et la peau du visage, repose sur une chute du réalisme. Dès lors, nourri par ce

1. Il existe différentes techniques de bricolage du visage et du corps : de l'atténuation des rides à la toxine botulique (le fameux Botox) à leur dissimulation à l'acide hyaluronique, en passant par leur suppression totale – on enlève de la peau avant de la retendre – lors d'un lifting (opération chirurgicale), ou encore par l'élimination des couches superficielles de la peau – cellules mortes – avec le peeling exfoliant (procédé chimique).

bricolage technique, le narcissisme éloigne la personne de la réalité. Son visage perd son expression naturelle, l'absence de rides et le grossissement des lèvres donnant plus l'impression d'un masque que d'un corps naturel. Or, ce désir de beauté qui pousse la personne à se soumettre à une telle idéologie indique qu'elle ne se voit plus et qu'elle ne sait plus qui elle est.

Après *le corps*, comme objet d'un supposé progrès, examinons le deuxième thème, *la richesse*, que nous idéalisons depuis des siècles et qu'Épictète range parmi les objets appartenant aux choses et que nous intégrons à notre vie : la villa, les meubles, les animaux, les esclaves, les vêtements. Si ces composants appartenaient à « la richesse » sous l'Empire romain au IIe siècle ap. J.-C., ceux de notre époque ont un peu changé : il n'y a bien sûr plus d'esclave en Occident, mais la richesse du XXIe siècle comprend l'argent, la voiture, l'avion, le bateau mais aussi le téléphone, l'ordinateur et tous les objets techniques qui remplissent ta vie quotidienne. Au fond, qu'il s'agisse de l'Antiquité ou d'aujourd'hui, l'objet garde sa force symbolique : une réalité matérielle qu'il faut acquérir en croyant qu'elle forge la personnalité. Mais plus la personne se plonge dans l'acquisition d'objets matériels et techniques, plus elle s'éloigne de ce qui pourrait lui donner sa place dans la réalité et dans sa vision de l'univers. Il faut éviter l'oniomanie[1] ! Dès lors, cette addiction à l'accumulation des choses, concrètes dans l'Antiquité romaine et de plus en plus virtuelles de nos jours, illustre la course effrénée de ces êtres humains vers l'aveuglement. Ils ne voient plus la réalité et se révèlent impuissants à distinguer deux types de choses : celles qui leur échappent et celles qu'ils possèdent. Or, les richesses font partie de ce qui t'échappe, mais que tu considères naïvement comme une partie de toi. Cette manière de te croire plus riche par la quantité de tes biens est révélatrice d'une absence de réflexion.

---

1. L'oniomanie : fièvre acheteuse, trouble lié à l'achat compulsif de choses.

Ainsi, si nous revenons à l'accident ou à la maladie, l'homme riche pourra constater que sa richesse ne lui sert pas à grand-chose. Il serait d'ailleurs prêt – même s'il ne le dit pas et même s'il sait que ce changement n'est pas possible – à devenir pauvre pourvu qu'il soit libéré de cette maladie. Le fondateur et ancien patron de Apple[1], Steve Jobs, avait déclaré, quelque temps après avoir appris qu'il était atteint d'un sérieux cancer : « J'échangerais bien toute ma technologie pour un après-midi avec Socrate[2]. », ce qui laisse entendre que lorsque les choses vont mal, il n'est pas inepte d'en venir à une réflexion qui permet de calmer et maîtriser son âme.

Diderot, dans *Jacques le Fataliste*[3], vante hypocritement le fatalisme, qu'il critique implicitement et confond avec le destin.

1. Entreprise multinationale américaine créée en 1976.
2. Cité par Olivier Poivre d'Arvor dans son livre *Bug made in France*, Gallimard, 2011, p. 58.
3. Feuilleton publié entre 1778 et 1780 ; livre publié en 1796, dans lequel Diderot se moque du fatalisme et de l'optimisme de Leibniz.

Le héros Jacques, qui essaye de former philosophiquement son maître, arrive à la conclusion selon laquelle il faut « cultiver son jardin ». Or, c'est le contraire du stoïcisme qui t'invite à vivre en société et non caché(e) dans ton jardin. Être dans la vie sociale, etc. Cultiver son jardin paraît plus facile que d'accompagner l'univers et le monde, mais c'est un repli qui vaut pli de soi.

La maîtrise des représentations conduit à l'*ataraxie*, autrement dit à la *sérénité de l'âme*, à l'absence de trouble, à l'*apathie*, cet état de l'âme qui ne perçoit même plus la douleur. L'homme atteint ainsi le souverain bien. Définissons alors le Bonheur comme cette *existence en accord avec la nature.* Les passions sont le principal danger dans la vie du sage, mais il parvient à les dominer en maîtrisant ses représentations. La morale stoïcienne est donc bien une morale de la liberté. Malgré le destin, l'homme demeure libre de ses représentations et opinions.

Je redis cela : l'être humain atteint ainsi le Bonheur conçu comme une existence en accord avec la nature ou Dieu, ou comme vie conforme à la raison. Les passions sont le principal danger dans ta vie, mais le sage – c'est-à-dire toi-même ! – parvient à les dominer en maîtrisant ses représentations.

Disons alors de nos émotions, compte tenu de leur poids exagéré intérieurement et déterminé culturellement, qu'il serait nécessaire d'en sortir pour trouver ou retrouver la liberté. Une fois cette sortie effectuée, nous commençons à voir la vie et la réalité autrement. Dès lors, place à la *réflexion* : nous observons le réel d'une manière plus intellectuelle que sensible, plus réaliste que fictive, plus rationnelle que passionnelle. Telle est *la révolution intérieure* : en tuant l'enfant que tu imaginais encore *être*, tu donnes la vie à une personnalité forte car rationnelle. Tu « re-nais ».

Il faut préciser que *l'être libre* n'est pas quelqu'un qui a un désir, le réaliserait et y verrait une preuve de sa liberté. Une telle conception moderne et occidentale de l'être humain en dit plus sur sa croyance en sa toute-puissance que sur la conscience de son impuissance. En réalité, une telle liberté n'existe pas : elle est une illusion et ceux qui la suivent fuient la réalité. À l'opposé de notre conception occidentale actuelle de la liberté, le stoïcisme antique nous invite à comprendre le paradoxe suivant : nous sommes d'autant plus *libres* que nous avons conscience de ne pas l'être ! Moins nous avons conscience que nous sommes aliénés, c'est-à-dire dépendants, plus nous le sommes et, inversement, plus nous nous savons aliénés, donc dépendants, plus nous comprenons que nous sommes libres et heureux.

Une telle conception de la liberté ne sort pas de nulle part, elle découle d'une vision claire de la réalité qui met en évidence un monde *déterministe*. Ainsi, lectrice, lecteur, tu comprends qu'il n'y a pas de hasard[1].

1. Depuis Isaac Newton (1642-1727), la science, notamment la physique, nie l'existence du hasard, qui serait le fruit

Tout est lié, tout est en relation, tout est *déterminé*. Et si nous ne comprenons pas ce qui se passe – par exemple un phénomène physique[1] –, le fait en vient plus de nos limites que de l'infinité de la nature. Ainsi, le philosophe fondateur de l'école stoïcienne, Zénon[2], remet l'être humain à sa place : au lieu d'être vu comme le nombril du monde[3], il est considéré comme une particule de l'Univers. Zénon rappelle que « L'homme a deux oreilles et une seule langue, pour écouter deux fois plus qu'il ne parle ». La différence entre l'Heur et le Bonheur n'est donc pas négligeable. Il ne s'agit pas d'une nuance ou d'une différence de degrés entre les deux attitudes, mais

---

de notre ignorance et de notre incapacité à expliquer un phénomène.

1. Les impasses de la science sont infinies. C'est ainsi que le conflit entre les deux physiques, la physique quantique et la relativité, illustre les contradictions internes à la physique.

2. Zénon de Kition. Né en 332 av. J.-C., mort en 262 av. J.-C. à Athènes. Aucun de ses livres n'a été retrouvé.

3. Du temps de Platon, les Grecs font de l'Omphale (omphalos) un bétyle, soit une pierre sacrée, le centre du monde. Ce n'est plus le cas 2 siècles plus tard et Zénon enfonce le clou en repensant la réalité.

d'une différence de nature. Ceux qui se réjouissent de l'Heur sont profondément éloignés et ignorants du Bonheur. Bien sûr, cela peut te paraître paradoxal, mais c'est parce que tu n'avais pas encore une idée claire de l'Heur. Maintenant que tu le comprends dans sa dimension aléatoire, et aussi peu dépendant de toi que l'acte du méchant, tu commences à deviner que le Bonheur est d'une autre nature.

Donc le Bonheur n'est pas un but, il est *un effet*. Il importe alors de penser la sagesse comme tu joues au billard : ne pas chercher à toucher la boule directement, mais passer par une ou plusieurs bandes afin qu'elle soit touchée. Il en va de même dans la vie morale : vise le bien, et le Bonheur sera touché. Sauf qu'à la différence du billard, dans la vie, lorsque tu touches le Bonheur comme effet de ta vision du réel, c'est pour toujours.

Dès lors, ton seul espace de liberté n'est pas dans ta domination d'une autre personne, d'un groupe, d'un peuple, d'une société, du monde ou des univers : il est dans la *maîtrise de ton âme*. Qui renonce à maîtriser le monde accepte en revanche de se maîtriser lui-même, ce qui donne lieu à une sagesse.

En suivant ce but – la sagesse, *sophia* –, le sage a pour récompense… le Bonheur.

Postlude

Le Bonheur n'est donc pas un état issu ponctuellement d'un moment original, agréable ou excitant. Il est la *marque joyeuse du sage* qui accueille positivement chaque instant, d'autant plus positivement qu'il l'avait prévu.

Tu admets maintenant que le Bonheur est la conséquence de la sagesse. Il ne découle nullement du monde ou d'autrui : il vient de toi puisqu'il est ta prise de conscience du réel qui te permet de *fusionner avec l'Univers*. Au fond, quels que soient l'époque et le milieu social auxquels tu appartiens, c'est *dans la sagesse* que tu trouveras Force et Bonheur. Les trois stoïciens les plus connus appartenaient ainsi à des siècles et à des classes sociales différents : Marc Aurèle[1] était empereur, Sénèque[2], sénateur et Épictète[3], esclave. Or, ce qui les rendait heureux tenait moins à leur situation sociale qu'à leur sagesse.

Comment cette manière de vivre peut-elle alors te rendre heureux ? Il faut rappeler que le Bonheur n'est pas *le but* de cette philosophie stoïcienne : il est *un effet de la sagesse* ! Au moment où tu as ouvert ce livre, cette conception n'était probablement pas banale pour toi qui vis dans une société où le Bonheur est vendu comme *un super plaisir* devant être le but de ta vie ! Confondre le Bonheur avec un but est une faute logique, psychologique et philosophique.

---

1. Marc Aurèle est né en 121 à Rome et mort en 180 à Sirmione ou à Vindobona.
2. Sénèque est né à Cordoue (sud de l'Espagne) entre l'an 4 av. J.-C. et l'an 1 ap. J.-C. et mort en 65 à Rome. Philosophe stoïcien et homme d'État romain, fils de Sénèque l'Ancien.
3. Épictète est né en 50 à Hiérapolis (Phrygie, l'actuelle Turquie) et mort entre 125 et 130 à Nicopolis d'Épire (Grèce).

Cette *faute est d'abord logique* puisque celui qui fait du Bonheur *un but* ne comprend pas qu'il sera heureux de ce qu'il a su maîtriser, non de ce qui lui arrive.

C'est *ensuite une faute psychologique* puisque celui qui voit arriver quelque chose dont il ne veut pas devient déçu, voire malheureux, sans reconnaître dans *cet événement* l'avènement de son manque d'anticipation ! *Voir l'avenir* permet de *toujours mieux vivre le présent* !

Enfin, cette confusion constitue *une faute philosophique* qui consiste à confondre la liberté avec le pouvoir de défier le destin, et, surtout, de ne pas s'y fier. C'est ainsi que Jean-Paul Sartre considère qu'être libre, c'est se jeter dans le monde pour agir sur lui et le modifier. En déclarant que « l'homme est condamné à être libre[1] », Sartre fait primer l'existence sur l'essence et la personne sur le destin, prolongeant de

1. « L'existence précède l'essence » est une citation de Jean-Paul Sartre extraite de la conférence « L'existentialisme est un humanisme » prononcée en 1946 à la Sorbonne.

manière théorique le culte social de l'Ego et la glorification de l'être humain, négligeant de manière quasi-comique sa (minuscule) place dans la nature et les univers[1] !

1. L'idée d'univers multiples se rencontre pour la première fois chez le philosophe grec Anaximandre (VIe siècle av. J.-C.). Puis deux religieux philosophes, Nicolas de Cues (*De la docte ignorance*, 1440) et Giordano Bruno (*De l'infini, de l'univers et des mondes*, 1585), pensent la pluralité des univers. Toutefois, Bruno soutenait plutôt que l'univers était infini et dépourvu de centre, incluant une multitude de mondes centrés sur leur étoile. Au début du XVIIIe siècle, le philosophe Leibniz propose une théorie des « mondes possibles », dans un contexte théologique. Il développe l'idée que Dieu en son entendement conçoit d'autres mondes possibles, parmi lesquels il a choisi le meilleur, qui est le nôtre. À partir des années 1930, il existe deux nouvelles grandes théories physiques déjà bien établies : d'un côté, la relativité générale, qui décrit le comportement de la matière à l'échelle cosmique, ainsi que le mécanisme de la gravité, et de l'autre, les hypothèses et les théories de la physique quantique, qui décrivent le comportement des particules atomiques et subatomiques ainsi que les forces s'exerçant à cette échelle (électromagnétisme, force nucléaire forte et force nucléaire faible). Le problème qui s'est posé alors à des physiciens comme Einstein, Bohr ou Schrödinger a été celui du rapprochement de ces deux types de théories qui prétendaient chacune proposer une conception valide du comportement de l'Univers tout en entier. Or, à l'échelle cosmique comme à l'échelle macroscopique, la nature semble ne pas pouvoir être comprise à partir des mêmes règles que celles qui décrivent le comportement des particules élémentaires, à l'échelle subatomique. La « théorie des mondes multiples » présentée et développée dans les années 1950 par le physicien américain Hugh Everett constitue une tentative de résolution du problème de la

Si le Bonheur se distingue du divertissement, c'est parce qu'il résulte pour chaque personne du fait de *s'avertir de l'avenir* plutôt que de *se di-vertir* le plus souvent. Le premier *anticipe et voit car prévoit* tandis que le second s'*attarde, s'aveugle et s'attriste*. Le Bonheur est donc plus aboutissant que le divertissement qui, au fond, cherche à éviter, sans y parvenir, la tristesse par de menus plaisirs !

Si *l'eudémonisme* est une doctrine qui fait du Bonheur le but de l'existence – ce qui est le propre de la philosophie d'Aristote –, appelons dès lors « nouvel eudémonisme » cette éthique qui considère que le Bonheur est *l'effet* et *la récompense* d'une sagesse davantage tournée vers *la pré-vision* que vers une vision fausse, naïve et égocentrique du réel. Arrivé(e) à ce stade, c'est-à-dire à la fin de ce livre, lectrice, lecteur, tu te sais heureux(se). Et si tel n'est pas

---

superposition des états quantiques. Elle suppose que notre monde coexiste avec de nombreux autres univers, qui se divisent continuellement en univers divergents, différents et inaccessibles entre eux. D'après Everett, chaque monde contient une version unique de chaque personne (chaque *observateur*) qui vit une situation différente au même moment du temps.

le cas, relis-le une nouvelle fois jusqu'à ce que le déclic se produise et te sorte du Malheur comme de l'Heur.

Jusqu'à ce que tu cesses de confondre le *destinalisme* avec le *fatalisme* ; le premier suppose la liberté et l'activité (de l'intelligence) là où le second déplore l'abandon de la liberté mais pratique une immense passivité (de l'intelligence et de l'action). Le fataliste accepte ce qui lui arrive au nom d'un être adulé qui en serait la cause. Le destinaliste accueille ce qui lui arrive, le considérant comme un produit de la nature ou des êtres humains et qu'il a eu le mérite de prévoir.

Tu sais maintenant que le fataliste est un *mal voyant non libre* alors que le destinaliste est un *hyper voyant libre, libéré et libérateur*.

Le destinalisme est un humanisme. Tu sais maintenant ce qu'il te reste à faire.

Alors, fais-le et sois (enfin) heureux(se) !

Lisbonne, été 2020

Lire

Yuval Noah Harari, *Sapiens*, Albin Michel, 2012.

Stephen Hawking, *Une brève histoire du temps : Du big bang aux trous noirs*, Flammarion, 1989.

Max Weber, *Le Savant et le Politique*, Union Générale d'éditions, 1963.

Jean-Dominique Baudy, *Le Scaphandre et le Papillon*, Robert Laffont, 1997.

Dr Bernie S. Siegel, *L'Amour, la Médecine et les Miracles*, J'ai Lu, 1989.

Anne-Dauphine Julliand, *Deux petits pas sur le sable mouillé*, Les Arènes, 2014.

Philip K. Dick, *The Minority Report*, Folio, 2002.

Philippe Ariès, *L'Enfant et la Vie familiale sous l'Ancien Régime*, Seuil, 1973.

Shakespeare, *Henri IV*, Le livre de poche, 1983.

Shakespeare, *Roméo et Juliette*, Le livre de poche, 1983.

Montaigne, *Essais*, Folio Classique, 2009.

Épictète, *Manuel*, Rivages poche Petite bibliothèque, 1994.

Voir

Le Bonheur, **film de Marcel L'Herbier (1934)** : Clara Stuart, vedette américaine du music-hall, reçoit un coup de révolver de l'anarchiste Philippe Lucher. Mais elle tombe amoureuse de lui et décide de plaider sa défense lors de son procès. Adapté d'une pièce de théâtre d'Henri Bernstein, ce mélodrame a connu un vif succès à sa sortie.

Qu'est-ce qu'on attend pour être heureux !, **film de Coline Serreau (1982)** : à la fin du tournage d'un film publicitaire, le commanditaire annonce que les heures supplémentaires ne seront pas payées tout en exigeant que la dernière scène soit de nouveau tournée. Exaspérés, les figurants se mettent alors en grève, tandis que les acteurs et les musiciens se révoltent en séquestrant l'équipe technique.

À la recherche du bonheur, **film de Gabriele Muccino (2006)** : Chris Gardner mène une vie précaire. Sa compagne, lassée par son incapacité à faire face, le quitte, le laissant seul avec leur enfant de cinq ans. Mis à la rue par le propriétaire de son logement, Chris va tout mettre en œuvre pour offrir à son fils une vie meilleure. Acculé par le manque d'argent, il décide de tenter sa chance comme stagiaire dans une prestigieuse firme de courtage… Inspiré de faits réels.

La Maison du bonheur, **film de Dany Boon (2006)** : Charles, un radin notoire, décide, une fois n'est pas coutume, de faire preuve de générosité et d'offrir une maison de campagne à sa femme pour leur anniversaire de mariage. Mais ne pouvant s'empêcher de faire des économies sur tout, il finit par se fier à un agent immobilier véreux et des ouvriers incapables, ce qui ne manque pas de transformer la jolie surprise en véritable cauchemar… Avec notamment Michele Laroque et Daniel Prévost.

Le Ticket du bonheur, **téléfilm de Dirk Regel (2003)** : un grand classique ! Robert quitte sa femme, Astrid, pour une compagne plus jeune. Dès lors, Astrid travaille beaucoup afin de pouvoir nourrir et scolariser ses deux filles, Luzie et Émilie, qui ne peuvent pas compter sur l'aide pécuniaire de leur père. Pour sortir de ses difficultés financières et existentielles, Astrid se met à jouer au Loto. Un jour, elle charge son amie Karin d'aller valider son bulletin à sa place parce qu'elle n'est pas disponible, tant elle est dévorée par sa vie quotidienne ! Manque de bol, Karin perd le billet. Par hasard, Felix trouve ce billet (qui s'avère gagnant) avant qu'un second hasard ne le mette sur le chemin d'Astrid.

Chronique d'un été, **film documentaire de Jean Rouch et Edgar Morin** (**1961**) : enquête sur les jeunes parisiens, parmi lesquels figure Régis Debray, afin de savoir s'ils sont heureux. La question posée est : « Êtes-vous heureux ? »

Quatre mariages et un enterrement, **film de Mike Newell (1994), avec notamment Hugh Grant, Andy MacDowell et Kristin Scott Thomas :** célibataire volage et réfractaire au mariage, Charles ne cesse de passer ses samedis aux noces de ses amis où il agrandit son cercle d'intimes et son tableau de chasse jusqu'à sa rencontre avec Carrie. Retour en force du cinéma britannique qui permet à Hugh Grant de devenir une star tout en proposant une conception du bonheur intelligente et postmoderne.

Écouter

Mes goûts musicaux populaires qui me rendent heureux

Scorpions, « Still loving you »
Paul McCartney, « Happy with you »
Dido, « Thank you »
Jimi Hendrix, « Happy birthday »
U2, « Happiness is a warm gun »
Pink Floyd, « The happiest days of our life »
Supertramp, « Fool's overture »
Genesis, « Happy the man and twilight Alehouse »
Santana, « Make somebody happy »
Francis Cabrel, « Presque rien »
Joe Dassin, « L'été indien »
Julien Clerc, « Le Bonheur »
Johnny Halliday, « La Douceur de vivre »
Jane Birkin, « Fuir le bonheur de peur qu'il ne se sauve »
Pierre Perret, « Fillette, le bonheur, c'est toujours pour demain »
Lana Del Rey, « Happiness is a Butterfly »
Jacques Brel, « Heureux »
Félix Leclerc, « Le p'tit Bonheur »
Cali, « C'est quand le Bonheur ? »
Françoise Hardy, « Le premier bonheur du jour »
Jean-Sébastien Bach, « Passion selon Saint Jean », « Passion selon Saint Matthieu »

Imprimé en France par
CPI Brodard & Taupin
en août 2021

Composition

PRESS·PROD

Dépôt légal : septembre 2021
N° d'impression : 3044458
ISBN : 978-2-7499-4757-0
LAF : 3125